DÍZIMOS E OFERTAS NO NOVO TESTAMENTO

a compreensão e prática de promessas na tradição cristã

Catalogação na Fonte
Elaborado por: Dayanne Leal Souza
Bibliotecária CRB 9/2162

L732d
2025

Lima, Márcio André de Souza
Dízimos e ofertas no Novo Testamento: a compreensão e prática de promessas na tradição cristã / Márcio André de Souza Lima. - 1. ed. - Curitiba: Appris, 2025.
94 p. ; 21 cm.

ISBN 978-65-250-8724-5

1. Dízimo. 2. Ofertas. 3. Generosidade. I. Lima, Márcio André de Souza. II. Título.

CDD - 261.8

Editora e Livraria Appris Ltda.
Av. Manoel Ribas, 2265 - Mercês
Curitiba/PR - CEP: 80810-002
Tel. (41) 3156 - 4731
www.editoraappris.com.br

Printed in Brazil
Impresso no Brasil

Márcio André de Souza Lima

DÍZIMOS E OFERTAS NO NOVO TESTAMENTO

a compreensão e prática de promessas na tradiçao cristã

Sauvé
EDITORA
Curitiba, PR
2025

FICHA TÉCNICA

EDITORIAL	Augusto Coelho Sara C. de Andrade Coelho
COMITÊ EDITORIAL	Brasil Delmar Zanatta Junior Estevão Misael da Silva Gilcione Freitas Luis Carlos de Almeida Oliveira Viviane Freitas
CURADORIA DE CONTEÚDO E IMPACTO COMERCIAL	Marli C. de Andrade
SUPERVISORA EDITORIAL	Renata C. Lopes
PRODUÇÃO EDITORIAL	Bruna Holmen
REVISÃO	Elia Moraes
DIAGRAMAÇÃO	Renata Miccelli
CAPA	Lívia Costa
REVISÃO DE PROVA	Ana Castro

AGRADECIMENTOS

A Deus, Senhor de todas as coisas, expresso minha profunda gratidão. Ele é a fonte de toda provisão, inspiração e direção. Dedico este livro a Ele, que me ensinou a confiar, a ofertar e a semear com fé.

Agradeço à minha amada família, que me apoia com amor e paciência em cada jornada ministerial.

À minha esposa, companheira fiel, e aos irmãos e irmãs na fé que caminham comigo, intercedem por mim e me inspiram diariamente.

Sou também grato à igreja local onde sirvo, por ser o campo fértil onde vivi e testemunhei o poder transformador da generosidade cristã. E a você, querido leitor, que se dispõe a crescer na graça e no entendimento bíblico sobre o dízimo e a oferta — que este livro seja uma bênção em sua vida.

APRESENTAÇÃO

Escrever este livro foi mais do que um projeto intelectual ou teológico — foi uma jornada espiritual. Desde os meus primeiros passos na fé cristã, fui profundamente impactado pela forma como a generosidade molda vidas, sustenta ministérios e revela o coração de Deus. Com o passar dos anos, percebi que muitos cristãos amam ao Senhor, mas ainda carregam dúvidas, receios ou até distorções sobre os dízimos e ofertas.

Diante disso, nasceu em mim um desejo ardente: estudar, compreender e compartilhar uma visão bíblica, equilibrada e cristocêntrica sobre este tema tão essencial e, ao mesmo tempo, tão mal compreendido.

Este livro não é um manual de regras, mas um convite à reflexão e à transformação. Ele propõe um retorno às Escrituras, especialmente à luz do Novo Testamento, onde encontramos não apenas mandamentos, mas o próprio Cristo — modelo supremo de generosidade.

Cada capítulo foi escrito com oração, estudo e compromisso pastoral. Aqui você encontrará fundamentos bíblicos, testemunhos, princípios práticos e desafios espirituais que nos chamam a viver uma fé encarnada — uma fé que doa, reparte e abençoa.

Que este conteúdo te inspire a ofertar não apenas recursos, mas também a própria vida a serviço do Reino de Deus.

Com fé e esperança,

Márcio André de Souza Lima

Reverendo e autor

SUMÁRIO

INTRODUÇÃO

Seja muito bem-vindo a esta jornada que, como um café fresco levado à mesa num dia de outono, promete aquecer e iluminar sua alma. Aqui, entre as páginas deste livro, você encontrará um belíssimo espaço para refletir sobre um tema profundo e essencial: a prática de dízimos e ofertas no Novo Testamento. É um tema que muitas vezes pode parecer distante ou complicado, mas acredite, ao explorá-lo, você poderá descobrir um universo de generosidade e conexão que muitas vezes nos escapa na correria do cotidiano.

Neste livro, vamos nos aprofundar na importância do ato de dar. Ah, como é curioso pensar sobre isso! O simples gesto de abrir mão de algo que temos em favor do outro pode revelar dimensões profundas na nossa vida de fé. Durante a leitura, convido você a mergulhar nas histórias e ensinamentos que tornam esse tema tão cativante e, de certa forma, um verdadeiro milagre que se desenrola diante de nossos olhos.

À medida que avançamos, vamos desvendar passagens poderosas das Escrituras – como aquele trecho de Lucas 6:38 que nos fala sobre "dando, e ser-vos-á dado". Você já se deu conta de como essa assertiva nos convida a refletir sobre nossas próprias atitudes? É quase como olhar no espelho e perceber pequenos detalhes que, à primeira vista, podem passar despercebidos. Mas, aqui, não estamos apenas refletindo. Estamos nos abrindo a experiências transformadoras, a partir da intenção do coração.

E o que dizer da generosidade em tempos de crise? Tenho certeza de que muitos de nós já experimentamos momentos difíceis, nos quais buscamos uma luz no fim do túnel. Acredite, as histórias que você encontrará aqui trazem testemunhos de superações e demonstram como a prática da doação pode ser não apenas um gesto, mas um verdadeiro baluarte de esperança e redenção. Queremos mais do que teoria; desejamos impactar vidas – e isso começa com você.

Prepare-se, então, para explorar não apenas a ética da generosidade, mas também propostas criativas para o futuro. Imagine as novas gerações abraçando essa cultura de doação como uma forma de expressão autêntica de amor e solidariedade, um legado que se perpetua. É inspirador, não é? Demos as mãos a esse chamado à ação, onde cada um de nós pode deixar uma marca nessa história de generosidade.

Então, venha comigo. Vamos abrir as posses de nossas vidas, permitindo que as experiências de outros nos moldem e inspirem. Este livro é um convite para vivermos a generosidade juntos, como uma comunidade. Espero que você se sinta em casa e acolhido a cada página. Estou aqui, como um amigo, pronto para compartilhar reflexões, risadas e, quem sabe, até algumas lágrimas.

Com carinho,

Márcio André de Souza Lima

Capítulo 1

A IMPORTÂNCIA DOS DÍZIMOS E OFERTAS NO NOVO TESTAMENTO

Quando falamos sobre dízimos e ofertas, muitos pensam imediatamente em rituais antigos, obrigações que parecem distantes da vida contemporânea. Contudo, esse ato de dar vai muito além de um mero cumprimento de regras. Em seu cerne, a prática dos dízimos e das ofertas tem raízes profundas, que se entrelaçam com a história da fé e da generosidade. Vamos viajar no tempo e entender como esses conceitos surgiram e se transformaram ao longo dos anos, até chegarmos à sua interpretação no Novo Testamento.

No Antigo Testamento, o dízimo era visto como uma obrigação sagrada, uma forma de reconhecer que tudo o que possuímos vem de Deus. As leis mosaicas estipulavam que, de cada colheita, um décimo deveria ser consagrado ao Senhor. Era um princípio de sustento para aqueles que serviam no templo e uma maneira de cuidar dos necessitados. Imagine a cena: agricultores trazendo suas primeiras frutas e grãos, não apenas como um ato de religiosidade, mas como um reconhecimento da bondade divina que lhes permitiu colher. Havia uma reverência nesse gesto; era um sacrifício que se consolidava na palavra "gratidão".

Com o advento do Novo Testamento, muitas coisas mudaram. Em meio ao ensinamento de Jesus, as interpretações sobre o ato de dar começaram a evoluir. O foco deixou de ser a obrigação e passou a se centrar na essência da generosidade. Não se tratava mais apenas de um percentual da colheita, mas de uma forma de expressar amor, compaixão e gratidão. Jesus, em seus ensinamentos, frequentemente destacou o valor do coração doador. Em uma de suas parábolas, lembrou aos fiéis que a viúva que deu duas moedas, tudo o que tinha, oferecia mais do que os ricos que doavam grandes quantias, pois o que importa é a quantidade de sacrifício envolvido.

Esta mudança de perspectiva é, sem dúvida, um dos aspectos mais intrigantes. O ato de doar passou a ser visto não como uma imposição, mas como uma expressão de gratidão e generosidade que brota do coração. Essa transformação é surpreendente; ela nos convida a refletir sobre como, hoje, podemos incorporar o espírito da doação em nossas vidas. Não é somente uma prática isolada, mas uma forma de vida que carrega a essência de servir ao próximo e de estreitar laços com o Criador.

A generosidade, portanto, revela-se como um reflexo da própria natureza de Deus. É fácil nos perder na correria do dia a dia, mas, ao reconsiderarmos o ato de dar como uma resposta à graça divina, abrimos espaço para compreender o poder transformador que ele possui não apenas em nossas vidas, mas também na vida daqueles que nos rodeiam. A doação, por sua vez, conecta-nos diretamente a um ciclo eterno de amor que ultrapassa os limites humanos. Quando damos, recebemos; e quando recebemos, temos a oportunidade de dar ainda mais.

No que diz respeito à espiritualidade cristã, a prática dos dízimos e ofertas nos ensina que não se trata apenas de dinheiro ou de bens materiais. Trata-se da disposição do coração. O que está por trás de nossos atos? Quais são nossas intenções? É nesse ponto que a generosidade se fortalece como um traço essencial de nossa fé, proporcionando um caminho de autoconhecimento e crescimento espiritual.

Assim, ao nos aprofundarmos nesse tema, não podemos esquecer que doar é um ato profundamente humano, que toca as fibras mais sensíveis de nossa existência, refletindo nossas lutas, nossas vitórias e, acima de tudo, nossa capacidade de amar. E, quando olhamos para a expressão de gratidão que provém do coração, tornamo-nos não apenas doadores, mas verdadeiros agentes de mudança no mundo ao nosso redor.

A generosidade apresenta-se não como um mero ato isolado, mas como uma expressão profunda da natureza divina que habita em nós. Quando refletimos sobre o conceito de generosidade, é impossível não perceber sua conexão intrínseca com o caráter de Deus. Em momentos de vulnerabilidade, ao olharmos para o outro, reconhecemos que a verdadeira doação vai além de um simples gesto físico; trata-se de um reflexo da graça recebida. Quando damos, estamos, na essência, respondendo a um amor que nos precede e nos envolve.

Considere a relação entre receber e dar. Muitas vezes, somos ensinados a ver a generosidade como uma troca, na qual nossos esforços ou doações precisam ser recompensados. No entanto, essa visão pode ser limitante. O ato de dar deve ser visto como algo que nos liberta e nos enriquece, um milagre que acontece quando nos despimos de egoísmos e entregamos algo de nós para cuidar do próximo. É como se cada gesto de generosidade ecoasse o que já experimentamos: uma dádiva que nos liga ao Criador e aos nossos semelhantes. Senti um frio na barriga ao perceber que, por trás de cada contribuição, existe uma história de transformação, uma oportunidade de tocar vidas.

Dentro da vida cristã, ser generoso é um chamado que ressoa em nossos corações. Não se trata apenas de dar algo material, mas de investir tempo, amor e atenção. O importante é a intenção que carregamos ao praticar a generosidade. Quando nosso coração está alinhado com o desejo de ajudar, a doação torna-se um caminho para o crescimento espiritual. Uma família que decide compartilhar suas refeições com quem não possui refeições é um exemplo vivo. Ali, não é apenas o alimento que é repartido, mas também a solidariedade e a empatia, transformando realidades.

A alegria genuína que brota desses momentos é um testemunho claro de que, ao darmos, também recebemos.

Além disso, a importância da generosidade se revela nas pequenas ações do cotidiano. Compartilhar um conselho, uma palavra de apoio ou até mesmo um sorriso pode ter um impacto significativo na vida de alguém. Num mundo que muitas vezes parece acelerado e indiferente, cada ato de bondade e solidariedade serve como um antídoto contra a apatia. Frequentemente, lembro-me de situações em que uma simples conversa no final do dia transformou meu estado de espírito. O poder da generosidade vai além do gesto em si; é, na verdade, uma mudança de perspectiva que se inicia dentro de nós.

As Escrituras nos ensinam que essa marcada conexão entre dar e receber é o cerne da vida cristã. O amor de Deus e seus ensinamentos nos chamam a agir, a sermos agentes de sua graça no mundo. Viver em generosidade é integrar esse princípio em nossa rotina, reconhecendo que nossas vidas são tecidas pela interação com os outros. Assim, as doações e o ato de dar tornam-se não apenas uma prática, mas um padrão de vida – algo que promove crescimento pessoal e enriquece a comunidade.

O que nos leva a refletir sobre a verdadeira motivação por trás de cada ato. Não podemos esquecer que, muitas vezes, o que dá sentido às nossas doações não é a quantia ou o que somos capazes de oferecer, mas a percepção de estarmos contribuindo para algo maior. Tal conscientização provoca uma profunda ressignificação em nosso espírito. Ser generoso deve ser uma expressão honesta e íntima de quem somos, uma celebração do coração que se realiza não por necessidade, mas por gratidão.

Assim, ao entender a generosidade como um ato que transcende expectativas e obrigações, reconhecemos sua influência na própria essência da vida cristã. É um reflexo não apenas do que fazemos, mas do que nos tornou quem somos. Cada gesto generoso, por menor que seja, torna-se uma semente que floresce, não só em nossa vida, mas na vida daqueles ao nosso redor. É dessa maneira que podemos tocar a existência de muitos, tornando-nos, assim, mais humanos e mais próximos do ideal que nos foi legado.

Generosidade se apresenta como um princípio central na vida cristã. Ela vai muito além de um simples ato de dar; é uma expressão rica da essência divina que habita em nós. Quando falamos sobre a prática de dar, não podemos ignorar o impacto que essa prática tem sobre nós mesmos, nossa espiritualidade e a comunidade ao nosso redor. Em essência, a generosidade é um reflexo da natureza de Deus. E isso é algo profundo, não é? Quando decidimos compartilhar o que temos, quando olhamos ao nosso redor e percebemos a necessidade do outro, estamos, na verdade, vivendo esse atributo de Deus, que é amor e entrega.

Muitas vezes, fazemos perguntas a nós mesmos. O que realmente significa dar? E como isso transforma não apenas quem recebe, mas também quem oferece? A generosidade não deve ser encarada apenas como uma obrigação ou uma prática religiosa; ela deve surgir do coração, como uma resposta sincera ao amor que recebemos. O ato de doar, então, nos conecta à graça divina, lembrando-nos diariamente de que somos beneficiários de um amor que excede qualquer compreensão. Nessa troca, cada um de nós tem a oportunidade de se tornar um canal desse amor.

Outro ponto que merece ser destacado é o coração que está por trás do ato de dar. Às vezes, uma contribuição financeira ou um gesto de gentileza pode parecer um ato simples, mas a intenção e a atitude que nos movem são cruciais. É essa disposição interior que alimenta a verdadeira espiritualidade. É o que diferencia um ato mecânico de uma ação orientada pelo desejo genuíno de fazer a diferença na vida de alguém. Ao refletir sobre isso, penso em tantas ocasiões em que pequenos atos de generosidade tocaram meu coração. Lembro de um amigo que, em um momento de dificuldade, decidiu compartilhar o que tinha, apesar de suas próprias limitações. Esse gesto, embora pequeno em relação ao que poderia oferecer, foi colossal em termos de impacto emocional e espiritual.

Além disso, a prática da generosidade está intrinsecamente ligada ao crescimento pessoal. Ao darmos, mesmo que seja de forma modesta, encontramos um caminho que nos eleva. Quando nos dispomos a ajudar, aprendemos lições valiosas sobre empatia, compaixão e o valor do próximo. A generosidade abre portas para que nos conectemos de maneira mais profunda com aqueles ao nosso redor. Ela nos ensina sobre a importância da comunidade e de cuidarmos uns dos outros. Isso faz parte de algo muito maior: reconhecer que não estamos sozinhos nesta jornada da vida.

A generosidade também altera a dinâmica de nossa própria compreensão sobre nós mesmos. Temos a tendência, muitas vezes, de nos concentrar em nossos próprios problemas e necessidades. Ao focar na compreensão do outro e nas dificuldades que enfrentam, começamos a perceber que a vida é rica em oportunidades para servir. Esse ato de servir pode parecer simples, mas seu efeito é, sem dúvida, massivo. A energia que é liberada quando doamos um pouco do nosso tempo, recursos ou atenção torna-se uma força transformadora, tanto para quem recebe quanto para quem dá.

Nesse todo, a generosidade é, sem dúvida, um traço essencial da vida cristã. Ao aceitarmos essa realidade e nos dispormos a vivê-la, não apenas nutrimos nossas almas, mas também criamos um espaço acolhedor e saudável para todos. Cada gesto generoso se torna uma semente plantada em um solo fértil. Afinal, a vida em comunidade é uma rica tapeçaria de amor e apoio mútuo, onde cada um tem um papel significativo a desempenhar. Em última análise, nossa disposição de dar é, portanto, um reflexo do nosso crescimento espiritual e do nosso compromisso em seguir o caminho que nos foi ensinado. Essa jornada é, sem dúvida, transformadora. Se permitirmos, esses momentos de generosidade nos moldarão e trarão uma intensidade e profundidade em nossa fé que muitas vezes se traduzem em milagres na vida cotidiana.

A generosidade, quando acolhida nas comunidades cristãs, transforma-se em um poderoso motor de mudança e esperança. Pense em grupos que se reúnem em momentos de adoração, estendendo a mão a quem precisa. Não se trata apenas de uma questão de doação financeira, mas de um entrelaçamento de vidas, onde cada ato de doar é uma semente lançada ao solo fértil da compaixão. Vemos isso em diversas iniciativas, como campanhas para arrecadação de alimentos em datas festivas. Há uma beleza impressionante quando as famílias se reúnem para preparar cestas básicas e entregá-las a quem está em situação de vulnerabilidade. É como se, naquele ato simples, estivéssemos reafirmando que somos parte de algo maior.

Em muitas comunidades, surgem grupos que se dedicam a visitar lares de idosos, oferecendo não apenas companhia, mas também uma presença que transforma. A generosidade se manifesta através de um ouvido atento, de palavras de encorajamento e, muitas vezes, de um abraço caloroso. Isso me faz lembrar de uma visita que fiz com um grupo a um asilo. Ao chegarmos, fomos recebidos com sorrisos e relatos de vidas ricas em história. Um dos senhores, com um brilho no olhar, segurou minha mão e disse que quem estava ali, na verdade, era um presente para eles. A gratidão era palpável, e percebi que, em cada sorriso, havia um milagre de conexão sendo celebrado.

Além disso, a criatividade nas ações de generosidade sempre me surpreende. Em uma pequena igreja da cidade, um projeto de "pague com a gentileza" ganhou forma. A ideia era simples: quem pudesse, deixava comida ou produtos de higiene pessoal em um "mercadinho" solidário, enquanto outros, em necessidade, podiam pegar o que precisassem. O ambiente é leve, acolhedor e, claro, repleto de histórias que são constantemente compartilhadas. Um dia, enquanto ajudava a organizar os itens, uma mãe que pegava algumas coisas disse que, embora estivesse passando por um momento difícil, o sorriso de todos ali era uma fonte de luz para ela. As palavras dela ressoaram em mim, sublinhando que a generosidade traz esperança.

Essas histórias representam apenas uma fração do que ocorre nas comunidades que compreendem o impacto do dízimo e das ofertas. A prova do poder transformador da generosidade vai além do simples ato de doar; é uma expressão visceral do carinho que temos uns pelos outros. E, ao praticar esse ato, não estamos apenas ajudando o próximo, mas também reconhecendo o que nos conecta como seres humanos. Cativante, não é? É praticamente impossível não se sentir parte de uma teia de amor e apoio, onde cada nó representa uma doação.

E não se esqueça de que a imprudência está em pensar que a generosidade precisa ser grandiosa em escala. Uma simples ligação a um amigo que enfrenta dificuldades, um carinho sincero ou ainda aquele gesto inesperado de pagar um café para alguém que está lutando podem ter impactos massivos na vida de outra pessoa. Recordo-me de uma situação em que, numa tarde qualquer, decidi comprar um lanche para uma pessoa em situação de rua. O rosto dela se iluminou, e suas palavras me marcaram: "Você restaurou minha fé na humanidade." Às vezes, atos pequenos possuem forças imensas.

O mais interessante é que essa prática de generosidade retorna para nós de maneiras inesperadas. Muitas vezes, ao darmos, recebemos em troca experiências que se tornam preciosas. A energia e o amor que emanam de um simples gesto de dar podem se traduzir em gratidão que enriquece a nossa alma. Isso destaca a profunda interconexão da vida cristã, onde a doação é um fluxo dinâmico e vibrante de amor e compaixão. Quando agimos com um coração generoso, entramos em um ciclo sagrado de dar e receber que altera nossa realidade e a dos outros.

Por todas essas razões, é essencial que continuemos a cultivar esse princípio em nosso cotidiano, não apenas como uma prática religiosa, mas como uma filosofia de vida. Cada doação conta, cada gesto de bondade reverbera, e cada ato de generosidade se torna um eco que ressoa por onde passamos. O bem-estar da comunidade não é apenas uma responsabilidade, mas um privilégio e um caminho repleto de satisfação e crescimento. Então, que possamos continuar a explorar esta jornada de gratidão e doação, ampliando nossos horizontes e lembrando que, por meio da generosidade, podemos realmente fazer a diferença na vida daqueles que nos rodeiam.

Capítulo 2

GENEROSIDADE TRANSFORMA O ATO DE CONTRIBUIR NOS DÍZIMOS E OFERTAS

Já parou para pensar em como algumas palavras, como "generosidade", conseguem mudar tudo ao nosso redor? Às vezes, parece que elas carregam uma energia, um poder capaz de transformar não só a nossa vida, mas também a vida de quem está por perto. E é justamente sobre isso que vamos conversar agora: sobre como a generosidade é um princípio fundamental, algo que vai muito além de um simples ato religioso.

No coração da nossa fé, encontram-se as Escrituras, um livro que nos guia e nos inspira. Mas, vamos combinar, às vezes a gente lê, lê, e parece que as palavras ficam um pouco distantes, né? Como se estivéssemos diante de um texto complexo, em vez de um conselheiro amigo. A ideia aqui não é fazer um estudo acadêmico, cheio de termos difíceis e análises exaustivas. A intenção é mergulhar nas passagens bíblicas, sim, mas de uma forma que faça sentido para o nosso dia a dia. Que a gente consiga entender como elas se conectam com as nossas experiências, com os nossos anseios e, claro, com a nossa fé.

Entender o contexto original é essencial. Saber quem escreveu, para quem escreveu, em que época, tudo isso ajuda a dar mais cor e vida às palavras. É como se, de repente, as letras ganhassem movimento e passassem a nos contar histórias fascinantes, cheias de ensinamentos. E é essa a jornada que faremos juntos neste capítulo, desvendando o significado de algumas passagens-chave que nos mostram o valor de dar, de compartilhar e de como essa atitude pode transformar a nossa vida.

Já parou para pensar em como algumas palavras, como "generosidade", conseguem mudar tudo ao nosso redor? Uma dessas palavras, carregada de significado e potencial transformador, é "dar". E, quando falamos de dar, a Bíblia nos oferece um guia inspirador, repleto de passagens que nos convidam a refletir sobre a verdadeira essência da fé.

A primeira passagem que me vem à mente, e que merece nossa atenção especial, está em Lucas 6:38. Aquelas palavras: "Daí, e dar-se-vos-á; boa medida, recalcada, sacudida, transbordante, generosamente vos darão; porque com a medida com que tiverdes medido, com essa vos hão de medir a vós." Confesso que, às vezes, essa promessa parece quase mágica, não é mesmo? Mas, ao invés de vê-la como uma fórmula para enriquecer, acredito que ela revela algo muito mais profundo sobre a natureza de Deus e sobre como a fé funciona.

Sabe, a generosidade pode ser comparada a uma semente. Quando você planta uma semente, não espera apenas uma, mas uma colheita abundante. É a mesma lógica aqui: quanto mais você dá, de coração, mais você recebe. Não apenas no sentido financeiro, mas também em alegria, paz e relacionamentos fortalecidos. É como se a lei da atração entrasse em ação, só que, em vez de focar em desejos, focamos em abençoar os outros.

Lembro de uma amiga, a Mariana, que sempre foi muito generosa, mesmo quando as coisas não estavam fáceis para ela. Ela fazia questão de ajudar quem precisava, doando tempo, ouvindo com atenção e estendendo a mão. E sabe o que aconteceu? A vida dela foi se transformando de uma maneira surpreendente. As portas se abriram, as oportunidades surgiram e ela sentia uma paz interior que irradiava. Acho que a generosidade dela gerou um ciclo virtuoso, um verdadeiro milagre.

Agora, vamos a 2 Coríntios 9:7: "Cada um contribua segundo propôs no seu coração; não com tristeza, ou por necessidade; porque Deus ama ao que dá com alegria." Essa passagem, para mim, sempre foi um divisor de águas. Ela nos chama a uma honestidade brutal com nossos próprios corações. Não se trata apenas de dar, mas de **como** damos. Será que a motivação é o medo de represálias, a obrigação religiosa ou uma tentativa de "comprar" a graça divina? Ou, por outro lado, a alegria genuína de participar da obra de Deus e abençoar os outros?

Acredito firmemente que a doação, nesse contexto, é um ato de adoração. É uma expressão visível da nossa fé, um testemunho do amor que sentimos e recebemos. Dar com alegria revela uma compreensão profunda da generosidade divina, que nos presenteia com tudo o que temos – a vida, a saúde, os relacionamentos e as oportunidades. E, se pararmos para pensar, essa generosidade é incessante, abundante e transbordante.

Alegria aqui não significa apenas um sorriso no rosto. É um estado de espírito, uma convicção interna de que estamos investindo no Reino de Deus, que estamos fazendo algo que realmente importa. É a certeza de que, ao compartilharmos o que temos, estamos também nos tornando mais semelhantes a Cristo. Lembro-me de uma vez... ah, deixa eu ver... foi há uns cinco anos. Estava passando por um momento financeiro bem complicado. Cheguei a cogitar cortar algumas ofertas, sabe? Mas, depois de muita oração, decidi doar, mesmo com o coração apertado. Para minha surpresa, uma semana depois, recebi um valor inesperado, que cobriu todas as minhas despesas e ainda sobrou! Fiquei impressionado! Mas o mais importante foi a paz que senti. Aquele medo e aquela angústia simplesmente desapareceram. Foi uma experiência zen, posso dizer.

Essa passagem nos lembra que a doação é uma questão de liberdade, não de escravidão. Deus não precisa do nosso dinheiro; Ele quer o nosso coração. E, quando damos com alegria, estamos demonstrando que entendemos o amor incondicional que Ele tem por nós. Estamos participando do ciclo da graça, dando e recebendo, semeando e colhendo. É um milagre, um verdadeiro milagre.

Então, pensando nas passagens que acabamos de explorar, Lucas 6:38 e 2 Coríntios 9:7, uma pergunta me veio à mente: como essas palavras ecoam em nosso dia a dia? Como podemos, de fato, aplicar esses ensinamentos em um mundo tão cheio de desafios e distrações?

Acredito que a chave reside em entender o contexto em que essas palavras foram escritas. A Bíblia não é um manual de instruções genérico, mas sim uma coleção de textos que surgiram em momentos históricos e culturais específicos. As pessoas da época tinham costumes, valores e até formas de pensar muito diferentes das nossas. Entender isso nos ajuda a não apenas interpretar as palavras, mas também a sentir a essência por trás delas.

Por exemplo, quando Jesus fala sobre "dar e receber", Ele não está apenas falando sobre dinheiro. Ele está falando sobre a importância de sermos generosos em todos os aspectos de nossas vidas: com nosso tempo, nosso amor, nosso perdão e nossa compaixão. A generosidade, nesse sentido, torna-se uma forma de viver a fé, um reflexo da nossa conexão com Deus e com o próximo.

E quando Paulo fala sobre dar com alegria, ele está nos lembrando de que a motivação por trás de nossas ações é crucial. Dar por obrigação, por medo ou por pressão não traz a mesma satisfação e não gera os mesmos frutos. Para que a doação seja verdadeiramente transformadora, ela deve partir do coração, de um lugar de amor e gratidão.

Lembro-me de uma vez, quando estava passando por um momento financeiro difícil. Meus recursos eram limitados, e a tentação de reter o pouco que tinha era grande. Mas, em um momento de reflexão, decidi fazer uma pequena doação para uma causa na qual acreditava. Confesso que senti um frio na barriga, uma certa apreensão, mas, no final, a sensação de paz e alívio que experimentei foi algo que me surpreendeu. Foi como se uma barreira tivesse sido quebrada, e uma nova porta se abrisse para mim.

Acredito que essa experiência me ensinou uma lição valiosa: a generosidade não é apenas sobre o que damos, mas sobre a transformação que ela provoca em nós. Ela nos torna mais compassivos, mais humanos, mais próximos de Deus.

Então, ao final, a reflexão que fica é esta: a generosidade não é apenas uma palavra bonita, mas uma forma de viver a fé. É uma escolha que fazemos a cada dia, em cada situação. É um convite para amar, para servir, para transformar o mundo ao nosso redor. E, quem sabe, ao semearmos a semente da generosidade, não colheremos um milagre em nossas próprias vidas?

Capítulo 3

A INTENÇÃO DO CORAÇÃO NAS PRÁTICAS DE DÍZIMO

Ah, que bom estarmos juntos mais uma vez! Preparei algo especial para você hoje, algo que mexe com a alma e com o bolso, sabe? Vamos mergulhar fundo na questão dos dízimos e ofertas, mas não de um jeito superficial, não. Quero que a gente desvende juntos a essência da motivação por trás dessa prática tão presente em nossas vidas.

Comecemos, então, desbravando os porquês. Por que damos? Quais são as raízes dessa generosidade? E, acredite, elas são mais profundas do que imaginamos.

Primeiramente, vamos dar uma espiada nas influências culturais. Crescemos em meio a tradições, costumes, e, olha, a família e a comunidade religiosa são como a argila que molda o nosso entendimento sobre o que é certo ou errado, e sobre o que se espera de nós. Em muitas famílias, o dízimo é ensinado desde cedo, quase como um ritual, uma demonstração de fé e compromisso. "Você deve dar porque sempre demos", dizem alguns. E, de certa forma, crescemos com essa ideia incrustada em nós, como uma semente que precisa germinar.

A comunidade religiosa, por sua vez, pode ser um grande farol ou, digamos, que ela pode exercer uma pressão, não é? A sensação de que você precisa se encaixar, ser aceito, fazer parte do grupo. Muitas vezes, o dízimo é visto como um símbolo de pertencimento, uma forma de demonstrar que você está presente, firme e forte, ao lado dos irmãos. "Se todos estão contribuindo, por que eu não contribuiria?"

Mas, calma lá, não estou aqui para julgar! Quero apenas que você reflita sobre como essas influências externas podem estar moldando suas decisões. É importante entender de onde vêm as nossas motivações para, então, analisarmos se elas são genuínas e condizentes com o que acreditamos.

Agora, vamos virar a chave e entrar no universo das motivações pessoais. Este é um território vasto e cheio de nuances, um verdadeiro tesouro a ser explorado.

A fé, claro, é o pilar central. Acreditar que, ao dar, estamos honrando a Deus, demonstrando nossa confiança em Sua provisão. A fé nos impulsiona a acreditar que o dízimo não é apenas uma obrigação, mas um ato de amor e gratidão. E, para muitas pessoas, essa crença é tão forte que se torna inabalável, mesmo diante das dificuldades.

E a gratidão? Ah, a gratidão... Ela é o tempero da vida, o combustível da alma! Quando reconhecemos as bênçãos que recebemos, o coração transborda de alegria e vontade de compartilhar. Dar torna-se uma forma de agradecer por tudo de bom que nos acontece, por cada dia, por cada sorriso, por cada vitória.

O senso de responsabilidade também entra em cena. Sentimos que temos o dever de cuidar do próximo, de contribuir para a obra de Deus, de sustentar a igreja e seus projetos sociais. Vemos o dízimo como uma ferramenta para fazer o bem, para impactar positivamente a vida de outras pessoas. É a consciência que nos move, a certeza de que estamos plantando sementes de esperança e amor.

E, por fim, o desejo de abençoar. Aquele sentimento bom de querer fazer o bem, de estender a mão, de ser um canal de bênçãos na vida de alguém. A gente sabe que, ao dar, estamos contribuindo para que outros tenham acesso a uma vida melhor, que recebam ajuda em momentos difíceis, que sintam o amor de

Deus em suas vidas. É uma sensação indescritível, um verdadeiro bálsamo para a alma.

Percebe como essas motivações se entrelaçam? Fé, gratidão, responsabilidade, desejo de abençoar... É como uma sinfonia, cada instrumento tocando sua nota, criando uma melodia harmoniosa. Cada um de nós tem sua própria orquestra interior, com instrumentos tocando em diferentes tons e ritmos. E essa é a beleza da doação: cada pessoa doa de um jeito, com suas próprias motivações, com seu coração.

As motivações, portanto, podem variar. Alguém pode agir por fé, outro por gratidão, outro por senso de responsabilidade... O importante é entender o que te move, o que te impulsiona a ofertar. E, no próximo bloco, vamos mergulhar na diferença crucial entre dar por obrigação e dar com alegria. Prepare-se, pois o próximo capítulo promete!

A distinção entre dar por obrigação e dar com alegria reside na própria essência da fé. A doação por obrigação, muitas vezes, surge de um senso de dever, uma necessidade de cumprir regras e expectativas, sem que haja uma conexão genuína com a motivação interior. É como realizar uma tarefa sem sentir o propósito, apenas para evitar consequências negativas ou obter aprovação. Essa postura, embora possa gerar resultados práticos – o dízimo seja entregue, a oferta seja feita – não nutre a alma. Ela pode até mesmo gerar frustração, ressentimento e, em última análise, afastar a pessoa da experiência enriquecedora da fé.

O dar com alegria, por outro lado, emana de um coração transbordante de gratidão, amor e confiança. É uma expressão de fé que vai além do cumprimento de um dever, transformando-se em uma celebração da abundância divina em nossas vidas. A pessoa que doa com alegria o faz com um senso de propósito, sabendo que está investindo em algo maior do que si mesma. Essa atitude de entrega gera um ciclo virtuoso: quanto mais se dá com alegria, mais se sente a presença e o amor de Deus, e maior se torna o desejo de compartilhar essa bênção.

As implicações espirituais dessas duas abordagens são profundamente diferentes. A doação por obrigação pode até mesmo sufocar a fé, pois a atitude negativa em relação à doação pode criar uma barreira entre a pessoa e a experiência de Deus. A alegria, por outro lado, fortalece a fé, a esperança e o amor, criando uma conexão mais profunda com a espiritualidade. Quando doamos com alegria, estamos reconhecendo a generosidade de Deus em nossas vidas e expressando nossa gratidão através de nossas ações. Essa postura nos torna mais receptivos às bênçãos divinas e nos enche de paz e contentamento.

No entanto, reconheço que nem sempre é fácil dar com alegria. A vida nos apresenta desafios financeiros, responsabilidades e emoções complexas que podem dificultar essa entrega. Mas a forma de superar essa barreira é cultivar uma mentalidade de gratidão e confiança. Comece, por exemplo, reconhecendo as bênçãos em sua vida, por menores que sejam. Agradeça por tudo o que você tem, e isso o ajudará a desenvolver um coração generoso. Confie que Deus proverá e que a doação, quando feita com o coração sincero, sempre renderá frutos.

Lembro-me de uma época em que passei por dificuldades financeiras e me sentia tentado a diminuir o dízimo. Mas uma profunda voz interior me dizia que eu deveria continuar dando com alegria. Decidi confiar em Deus, e a sensação de alívio e esperança foi imediata. Acredite, com o tempo, as coisas melhoraram, e eu vi a mão de Deus agindo em minha vida de maneiras surpreendentes. Essa experiência me ensinou a importância de dar com alegria, mesmo quando as circunstâncias parecem desfavoráveis. A fé é um milagre, e a generosidade é sua maior expressão.

Agora, para ilustrar a profunda influência da intenção do coração, gostaria de compartilhar histórias inspiradoras que encontrei ao longo de minha jornada. São exemplos reais de pessoas que, apesar dos desafios, demonstraram uma generosidade que transcende as dificuldades financeiras.

Conheci uma senhora, dona Maria, que vivia com uma aposentadoria modesta. Em tempos difíceis, ela enfrentava contas atrasadas e preocupações constantes. Contudo, mesmo diante dessas adversidades, ela reservava uma parte de seus poucos recursos para ofertar na igreja. Quando questionada sobre isso, ela respondia com um sorriso: "Deus nunca nos abandona. Se eu abençoo, sou abençoada também." A fé dela era tão palpável que, de alguma forma, sempre conseguia superar as dificuldades, e sua generosidade parecia atrair milagres inesperados.

Há também a história de um grupo de jovens que, mesmo com poucos recursos, decidiu criar um projeto social em sua comunidade. Eles arrecadavam doações, não apenas financeiras, mas também de alimentos e roupas. O mais impressionante era a motivação deles: a simples alegria de ajudar o próximo. Eles não buscavam reconhecimento ou holofotes; apenas o prazer de fazer o bem. O resultado? Conseguiram impactar positivamente a vida de inúmeras famílias, oferecendo esperança e um futuro melhor.

Em outra ocasião, deparei-me com uma comunidade que, após sofrer um desastre natural, uniu-se para reconstruir o que havia sido perdido. Pessoas de diferentes crenças e origens se juntaram, contribuindo com o que podiam. Ajudaram a reconstruir casas, escolas e a esperança de um futuro melhor. A intenção era clara: superar a tragédia juntos. Essa experiência deixou uma marca profunda em todos, mostrando que, com um coração generoso e solidário, é possível transformar a dor em força e reconstruir o mundo ao nosso redor.

Um exemplo ainda mais tocante veio de uma família que, mesmo enfrentando a perda de um ente querido, decidiu criar uma fundação em memória dele. A dor da perda se transformou em ação, e a fundação passou a apoiar crianças carentes, oferecendo-lhes educação e oportunidades. A intenção do coração, nesse caso, era perpetuar o legado de amor e bondade da pessoa que se foi e, claro, honrar sua memória através da ajuda ao próximo.

Essas histórias, e tantas outras que poderia citar, demonstram que a doação com um coração sincero vai além do ato de entregar dinheiro. É sobre a demonstração prática da fé, sobre a expressão de gratidão e sobre a busca por fazer a diferença no mundo. É sobre entender que, ao darmos de nós mesmos, plantamos sementes de esperança, que florescem em transformações duradouras.

Em cada um desses exemplos, a intenção do coração foi o catalisador. Foi ela que transformou o ato de dar em um ato de amor, fé e esperança. Foi ela que permitiu que, mesmo em meio às dificuldades, as pessoas encontrassem força para superar obstáculos e fazer a diferença na vida de outras pessoas. O impacto dessas ações, além de palpável, é profundamente inspirador e serve como um lembrete do poder que a generosidade genuína possui.

Chegamos ao cerne da questão, àquele ponto de convergência onde teoria e prática se unem: a essência da motivação interior. Revisitamos, com um olhar renovado, a importância crucial da intenção que reside no coração. Não se trata apenas de números ou obrigações, mas de um diálogo íntimo com a fé, um ato de amor que se manifesta na entrega.

Convido você, meu amigo, a fazer uma pausa e refletir sobre suas próprias motivações. Quais sentimentos impulsionam seus gestos de doação? É a gratidão que transborda, o desejo de semear esperança ou a simples alegria de compartilhar? Ou talvez, em alguns momentos, a sensação de dever prevaleça, obscurecendo a beleza da oferta. Não se culpe, pois todos nós trilhamos caminhos singulares. O importante é a honestidade, o mergulho profundo em suas emoções e a busca por uma conexão mais autêntica.

Ao examinar suas intenções, lembre-se de que a jornada é tão valiosa quanto o destino. Não há respostas prontas nem fórmulas mágicas. Cada um de nós encontra sua própria maneira de se conectar com o divino. O que importa é a sinceridade do coração, a disposição de se entregar, de abrir as mãos e o espírito.

Cultive a gratidão. Celebre as pequenas vitórias, as bênçãos diárias e os momentos de alegria. Permita que a gratidão se manifeste em cada gesto, em cada oferta. Veja a doação não como um fardo, mas como uma oportunidade de expressar o amor que reside em seu interior.

Encontre a alegria. Deixe que a generosidade ilumine seu rosto, irradie de seus olhos. Sorria ao doar, celebre a oportunidade de fazer a diferença na vida de alguém. Lembre-se: a alegria é contagiante, e sua doação, quando feita com entusiasmo, pode inspirar outros a seguir o mesmo caminho.

Pense nas infinitas possibilidades. Uma doação pode alimentar uma criança faminta, amparar um idoso abandonado, fortalecer uma comunidade e semear esperança em terras áridas. Uma semente plantada com amor pode gerar frutos abundantes, um verdadeiro milagre de transformação.

Acredite no poder transformador da generosidade. Quando praticada com um coração sincero, a doação torna-se muito mais do que um ato financeiro. É um abraço, um sussurro de esperança, uma promessa de que o mundo pode ser um lugar melhor. É a força que move montanhas, que cura feridas, que une corações.

Que sua intenção seja sempre guiada pela luz do amor. Que sua doação seja um reflexo da fé que habita em você. Que sua generosidade seja um farol que ilumine o caminho daqueles que precisam. Que sua jornada seja repleta de alegria, paz e realizações. E que, ao final, você possa dizer: "Eu vivi, eu amei, eu doei. E fui abençoado por isso".

Capítulo 4

EFEITOS ESPIRITUAIS DA PRÁTICA DE DOAÇÃO

Ah, a doação... Quanta coisa cabe nesta palavra, não é mesmo? No fundo, é como plantar uma semente em um terreno fértil. E, no nosso caso, o terreno é a alma. Neste capítulo, vamos desvendar os frutos espirituais que colhemos quando abrimos o coração e as mãos. Prepare-se, porque a jornada é profunda e, confio, **inspiradora**.

Comecemos, então, a explorar o crescimento espiritual que a generosidade pode nos proporcionar. Acredito que a prática de dar, seja em dízimos, ofertas ou em simples atos de caridade, age como um potente catalisador em nossa fé. Sabe, é como se estivéssemos, de repente, dando um "up" no volume do nosso amor a Deus. A cada doação, nossa conexão com o divino parece se fortalecer, como uma planta que recebe água e sol. E o resultado? Uma fé mais vibrante, mais viva, mais presente em cada detalhe do nosso dia.

Mas como isso acontece na prática? Penso que a generosidade nos aproxima de Deus porque ela nos ensina a confiar. Confiar que Ele é o provedor, que Ele cuida de nós, que Ele supre as nossas necessidades. Quando doamos, estamos, de certa forma, dizendo: "Senhor, eu confio em Ti. Entrego a Ti o que tenho, sabendo que o Senhor me dará o necessário". E essa confiança, essa dependência, é o alicerce de uma fé sólida.

Lembro de uma passagem bíblica que me toca profundamente, a da viúva que oferece suas duas moedas (Marcos 12:41-44).

Jesus observa essa mulher, que entrega tudo o que tem, e diz que ela deu mais do que todos os ricos. Sabe por quê? Porque ela deu com o coração, com fé, com confiança. Ela não se importou com o pouco que tinha, mas confiou na providência divina. Achei isso **impressionante**. E essa história nos mostra que a doação não é medida pela quantidade, mas pela intenção, pelo amor e pela fé.

E como a doação molda a nossa fé? Acredito que a doação é como um espelho. Ela reflete o que está dentro de nós. Se doamos com alegria, gratidão e amor, é porque essas qualidades já existem em nossos corações. Ao praticarmos a doação, essas qualidades são fortalecidas e intensificadas. É um ciclo virtuoso. A cada ato de generosidade, nos aproximamos mais de Cristo, que é o exemplo máximo de amor e doação. Trata-se de uma jornada contínua de transformação interior, um processo que nos leva a nos tornarmos mais semelhantes a Ele.

A questão do desapego material também é muito importante. Vivemos em um mundo que nos bombardeia com a ideia de que precisamos ter, possuir e acumular. No entanto, a doação nos convida a abrir mão e a desapegar. Quando nos desapegamos do material, abrimos espaço para a graça divina. É como se tirássemos o entulho, a poeira, para que a luz de Deus possa entrar. Essa luz, essa graça, nos transforma, nos purifica e nos liberta. É um processo que pode ser **intenso**, mas que é, sem dúvida, **reconfortante** e **essencial**.

Forjando um caráter generoso, mergulhamos nas profundezas da transformação pessoal, onde a doação se revela como um escultor paciente, moldando a alma em uma imagem mais próxima da perfeição. Não se trata apenas de um ato isolado, mas sim de um processo contínuo, um hábito que, cultivado com diligência, se integra à essência do ser. A generosidade, quando abraçada com o coração, transcende a mera ação e se torna um estado de espírito, um filtro através do qual enxergamos o mundo e as pessoas ao nosso redor.

A compaixão, a empatia e a humildade são pilares fundamentais de um caráter generoso, que florescem neste solo fértil.

A compaixão, a capacidade de sentir a dor do outro como se fosse nossa, nos impulsiona a agir, a estender a mão e a oferecer alívio. A empatia, a habilidade de nos colocarmos no lugar do próximo, nos permite compreender suas necessidades e anseios, guiando nossas ações com sensibilidade e respeito. A humildade, por sua vez, nos afasta do orgulho e da vaidade, reconhecendo nossa própria fragilidade e dependência, e nos abre para a possibilidade de servir sem esperar reconhecimento.

O caminho, no entanto, nem sempre é fácil. A luta contra o egoísmo, a voz silenciosa que nos sussurra sobre a importância de acumular e proteger o que é nosso, é constante. A ganância, a ânsia insaciável por mais, pode obscurecer nossa visão e nos afastar da generosidade. Mas a boa notícia é que esses desafios podem ser superados. A fé, aliada à disciplina e à determinação, é nossa maior arma. Ao reconhecermos nossas fraquezas e nos esforçarmos para agir de acordo com os princípios que acreditamos, a generosidade se torna uma força motriz em nossas vidas, capaz de afastar as sombras e iluminar o caminho.

Permitam-me compartilhar a história de uma amiga, Clara. Clara, desde jovem, nutria o sonho de ter uma vida luxuosa. Ela se dedicava a acumular bens e vivia obcecada com a ideia de possuir cada vez mais. Mas, em algum momento, ela sentiu um vazio enorme. A riqueza não trazia a felicidade que ela tanto buscava. Foi então que ela descobriu o poder da doação. Começou por pequenas ações, doando roupas que não usava mais, tempo para ajudar em um abrigo de animais e dinheiro para instituições de caridade. Aos poucos, percebeu que a alegria que sentia ao ajudar os outros era incomparável à satisfação passageira que os bens materiais proporcionavam. Clara, com o tempo, não só mudou sua vida, como inspirou diversos amigos e parentes a trilhar o mesmo caminho.

Essa transformação de Clara nos mostra, de forma clara, o poder da generosidade. Não é só sobre dar coisas; é sobre mudar a maneira como vemos o mundo e as pessoas. A generosidade, nesse sentido, torna-se uma fonte de cura interior, permitindo que cicatrizes emocionais se fechem e que o espírito se eleve. Ela nos conecta a algo maior do que nós mesmos, expandindo nossos horizontes e mostrando o impacto que podemos ter na vida dos outros. A generosidade, em sua essência, é um ato de amor, que ecoa e se multiplica, transformando não apenas quem dá, mas também quem recebe.

A confiança em Deus revela-se como o alicerce fundamental da doação. Ao praticarmos a generosidade, testemunhamos um ato de fé em Sua providência. É como depositar nossas esperanças em um solo fértil, sabendo que a colheita será abundante, mesmo que as sementes pareçam singelas. A entrega de nossos recursos, mesmo quando nos sentimos limitados, irradia a crença em um Deus provedor e fiel, aquele que supre nossas necessidades com graça e abundância.

Recordo de uma época em que as finanças estavam apertadas, mas o chamado para ajudar um projeto social ressoava forte em meu coração. Apesar das dificuldades, decidimos contribuir com uma quantia, talvez pequena aos olhos do mundo, mas significativa para nós. A princípio, um receio sutil pairou sobre nossos ombros, mas logo a fé nos impulsionou a agir. O que ocorreu a seguir foi simplesmente surpreendente: portas inesperadas se abriram, oportunidades surgiram e, de alguma forma, os recursos se multiplicaram. Essa experiência, para mim, foi um verdadeiro milagre, um testemunho palpável de que, quando confiamos, Deus age em nosso favor, recompensando a generosidade de maneiras que jamais poderíamos imaginar.

As Escrituras Sagradas estão repletas de histórias inspiradoras que ilustram essa conexão entre doação e bênção divina. A viúva que oferece suas últimas moedas, o óbolo que representa tudo o que ela possui, e Jesus a elogia por sua fé inabalável. Em cada gesto de entrega, a fé se manifesta, e a graça divina se derrama. A doação, nesse contexto, não é apenas um ato de caridade; é uma demonstração de confiança, uma atitude que nos permite experimentar a plenitude da vida em Deus.

A doação nos liberta das amarras da preocupação com o amanhã, da ansiedade que corrói nossa paz interior. Quando decidimos ofertar com um coração generoso, entregamos a Deus a responsabilidade de prover nossas necessidades. Essa confiança nos permite viver com mais leveza, com a certeza de que somos cuidados por um Pai amoroso, que zela por nós em cada detalhe. É uma experiência que nos convida a abandonar o medo e a abraçar a esperança, sabendo que, em suas mãos, estamos seguros e amparados.

Lembro-me de uma passagem bíblica que sempre me tocou profundamente. Jesus diz: "Dai, e ser-vos-á dado; boa medida, recalcada, sacudida, e transbordante, generosamente vos darão." Essa promessa é um convite à fé, uma garantia de que, ao semearmos com generosidade, colheremos uma colheita abundante. É uma promessa que nos encoraja a confiar em Deus, a abrir mão do controle e a entregar nossas vidas em suas mãos, sabendo que Ele nos guiará e nos abençoará em todos os momentos.

Ao praticarmos a doação, não apenas abrimos nossos corações para receber as bênçãos de Deus, mas também fortalecemos nossa fé e nossa relação com Ele. É um ato de amor que nos aproxima do divino, que nos faz sentir parte de algo maior, um propósito que transcende nossas próprias vidas. É uma jornada de transformação, que nos leva a viver com mais gratidão, alegria e esperança, em cada passo do caminho.

Ao chegarmos ao fim desta jornada, é essencial amarrar todas as pontas, consolidando as reflexões que fizemos sobre o poder transformador da doação. Reconhecemos que a generosidade transcende o ato de dar; ela é um portal para uma vida mais plena e significativa. Revisitando os caminhos percorridos, percebemos que cada grão de areia, cada gesto de bondade contribui para a construção de um mundo mais justo e compassivo.

A doação, em suas múltiplas facetas, emerge como um farol, iluminando não apenas a vida de quem recebe, mas também a de quem oferece. Os benefícios espirituais são inegáveis, tecendo uma teia de conexão com o divino, fortalecendo a fé e moldando o caráter à semelhança do amor incondicional. As emoções, por sua vez, entram em um turbilhão de sensações positivas, da alegria de compartilhar à satisfação de ser útil, elevando o espírito e nutrindo a alma.

No entanto, o impacto da doação não se restringe ao âmbito individual. Ele se expande, reverberando na comunidade e no mundo. Ao compartilhar nossos recursos, fomentamos a união, criamos laços de solidariedade e semeamos esperança. Cada doação é uma semente plantada, que germina em um jardim de oportunidades e bem-estar social.

Ao longo deste capítulo, exploramos diversos aspectos da doação, desde a sua essência espiritual até seu potencial transformador. Analisamos como ela nos conecta com o divino, fortalece nossa fé e molda nosso caráter. Vimos exemplos práticos e inspiradores, histórias de pessoas que abraçaram a generosidade e transformaram suas vidas e as de outros. E, por fim, reconhecemos a importância da confiança em Deus como pilar fundamental da doação, a certeza de que somos cuidados e amparados.

Agora, convidamos você a refletir sobre sua própria jornada. Como a doação se manifesta em sua vida? Quais são os desafios que você enfrenta? Quais são os benefícios que você tem experimentado? Este é um chamado à ação, uma oportunidade de avaliar sua prática de doação e considerar os inúmeros benefícios que ela pode trazer para sua vida e para o mundo. Que este capítulo sirva como um guia, um estímulo para trilhar o caminho da generosidade com mais afinco e dedicação. Ao fazê-lo, você não apenas transformará sua vida, mas também se tornará um agente de mudança, um farol de esperança em um mundo que tanto precisa. O milagre da transformação começa em cada um de nós, em cada gesto, em cada doação.

CAPÍTULO 5

IMPACTO COMUNITÁRIO E SOCIAL DA GENEROSIDADE

Ah, a generosidade! Se existe algo que me toca profundamente, é pensar em como ela se espalha, como uma semente que germina e floresce, transformando tudo ao redor. Neste capítulo, vamos mergulhar de cabeça no impacto que a generosidade tem nas comunidades e na sociedade. Prepare-se, porque a jornada é intensa e, confesso, bastante emocionante.

Comecemos pelas comunidades cristãs. É ali, no coração da fé, que a generosidade encontra um terreno fértil para florescer. Muitas vezes, vemos o dízimo e as ofertas, atos de fé e gratidão, transformando-se em ações concretas que mudam vidas. Pense em abrigos para pessoas em situação de rua, lares que oferecem refúgio e esperança para quem mais precisa. Imagine programas de educação, onde crianças e jovens têm a chance de construir um futuro melhor. Ou mesmo projetos de saúde, que levam cuidados médicos e bem-estar a quem não tem acesso. Tudo isso é possível graças à generosidade, que funciona como um rio caudaloso, alimentando a vida e a esperança.

E o mais fascinante é como essa prática fortalece os laços entre os membros da igreja. A generosidade cria um ambiente de apoio mútuo e solidariedade, onde as pessoas se sentem parte de algo maior. É como se, ao praticarmos a generosidade, construíssemos uma grande família, unida pelo amor e pela compaixão. Mas, claro, a transparência e a boa gestão são essenciais. É preciso garantir que cada centavo, cada doação, seja utilizado da forma mais eficaz possível. Afinal, a generosidade é um instrumento poderoso, mas precisa ser usado com sabedoria e responsabilidade. Caso contrário, corre-se o risco de desperdiçar recursos valiosos e, pior ainda, de frustrar as expectativas de quem confia em nós.

Agora, pense nas doações que sustentam os ministérios e programas que buscam aliviar o sofrimento e promover o bem-estar na sociedade. Os recursos são direcionados para atender às necessidades básicas, como alimentação e moradia. Mas não param por aí. Muitas vezes, a generosidade se estende à capacitação profissional, fornecendo às pessoas as ferramentas necessárias para conquistar uma vida digna. Ou ao apoio a empreendedores, que recebem o incentivo necessário para transformar seus sonhos em realidade. A igreja, nesse contexto, assume o papel de agente de transformação social. É ela quem, por meio da generosidade, constrói pontes e abre caminhos para um mundo mais justo e compassivo. É algo incrivelmente inspirador, não acha?

Ainda falando em fé, vale refletir sobre o papel da coletividade. A união de esforços, a colaboração e a partilha de recursos ampliam o impacto da generosidade de uma forma que chega a ser surpreendente. Cada membro da comunidade, contribuindo com o que pode, por menor que seja a doação, se junta a outros, e juntos geram resultados incríveis. É como uma corrente, onde cada elo é importante, e a força da corrente reside na união de todos. O testemunho cristão torna-se algo palpável. A generosidade inspira, contagia, e as pessoas se sentem impulsionadas a fazer o bem, criando um ciclo virtuoso de solidariedade. Acredite, isso pode mudar o mundo!

Para finalizar este bloco, vamos a alguns exemplos práticos. Histórias de transformação, de como a generosidade se manifesta em ações concretas ao redor do mundo. Escolas em áreas carentes que transformam a vida de crianças e jovens, abrindo portas para um futuro melhor. Projetos de desenvolvimento sustentável que buscam o equilíbrio entre o desenvolvimento econômico e a preservação do meio ambiente. Pense na fé, na esperança e no amor se manifestando em ações que mudam o mundo. É algo que nos enche de esperança, de certeza de que o evangelho, quando posto em prática, tem o poder de transformar realidades e de inspirar pessoas. É como um milagre, uma semente que germina e produz frutos em abundância. E, entre nós, não é isso que todos buscamos? Algo que nos encha de fé e nos mostre que um mundo melhor é possível.

No coração da sociedade, a generosidade se revela como uma força motriz que impulsiona a transformação. As doações, um reflexo tangível da fé e do amor ao próximo, sustentam uma vasta rede de ministérios e programas dedicados a aliviar o sofrimento e promover o bem-estar. Esses recursos, canalizados com sabedoria e compaixão, atendem a necessidades prementes, desde o fornecimento de alimentos e abrigo para os desamparados até o investimento em programas de educação e saúde.

A visão da igreja como um agente de mudança social é fundamental. A generosidade, nesse contexto, surge como uma ferramenta essencial para construir um mundo mais justo e compassivo. Imagine a cena: uma criança recebendo sua primeira refeição digna, uma família encontrando refúgio seguro, um jovem tendo a chance de construir um futuro promissor. Cada doação, por menor que seja, torna-se um tijolo na construção desse novo mundo.

A beleza da generosidade reside em sua capacidade de transcender as barreiras individuais. A coletividade, a união de esforços, a colaboração e a partilha de recursos amplificam o impacto da generosidade de maneiras surpreendentes. A união de cada membro da comunidade, cada oferta, gera resultados incríveis, criando uma onda de solidariedade que se espalha pela sociedade. O testemunho cristão, nesse sentido, inspira outros a fazer o bem, criando um ciclo virtuoso de bondade que beneficia a todos.

Histórias emocionantes de transformação nos cercam. Escolas estão sendo construídas em áreas carentes, projetos de desenvolvimento sustentável florescem em comunidades desfavorecidas, vidas estão sendo mudadas. Cada ação generosa é um ato de fé e esperança, demonstrando o poder transformador do evangelho. O amor, traduzido em ações concretas, ilumina o caminho e prova que, juntos, podemos superar qualquer desafio.

Aprofundando a reflexão sobre a coletividade na prática da ajuda ao próximo, vislumbramos um testemunho cristão poderoso em ação. A união de esforços, a colaboração e a partilha de recursos tornam-se um amplificador da generosidade, um megafone que ecoa a mensagem de amor e compaixão. Cada doação, por menor que seja, assume um valor inestimável quando somada às demais, multiplicando-se em resultados que superam qualquer expectativa. É a fé em movimento, a esperança materializada, o amor que se faz presente na vida de quem precisa.

A colaboração entre os membros da comunidade é um milagre diário. Cada um, com suas habilidades e recursos, contribui para um projeto comum. Uns doam tempo, outros conhecimentos, alguns recursos financeiros. O que importa é a disposição de fazer a diferença, de fazer parte da solução. Aquele que oferece um sorriso, um abraço, uma palavra de conforto também está sendo generoso. Aquele que dedica algumas horas para auxiliar em uma ação social, plantar uma semente ou até mesmo se dispor a ouvir alguém também está praticando a generosidade.

O impacto desse testemunho cristão na sociedade é inegável. A prática da generosidade torna-se um farol, atraindo outros a seguir o exemplo. A compaixão gera mais compaixão, a bondade inspira mais bondade, e um ciclo virtuoso de solidariedade se estabelece. Aqueles que veem a igreja em ação, que testemunham a transformação de vidas, são tocados em seus corações. Surge uma onda de esperança, um desejo de fazer parte desse movimento de amor, de construir um mundo mais justo e compassivo.

Um exemplo disso, algo que me toca profundamente, é a história de uma pequena comunidade rural que, com poucos recursos, construiu uma escola para crianças carentes. Cada membro doou o que pôde: alguns, tijolos; outros, madeira; e ainda outros, tempo e trabalho. O resultado foi impressionante. Uma escola que mudou a vida de dezenas de crianças, oferecendo-lhes não apenas educação, mas também esperança em um futuro melhor. Esse é o poder da coletividade, a força da união, a prova de que a generosidade, quando compartilhada, é capaz de realizar o extraordinário.

Outro caso, mais recente, que me comoveu muito, foi o de uma igreja em uma grande cidade que abraçou a causa dos moradores de rua. A princípio, ofereciam apenas um sopão aos domingos, com a ajuda de alguns voluntários. Com o tempo, perceberam que isso não era suficiente. Então, arrecadaram doações, construíram um abrigo e criaram programas de capacitação profissional. Hoje, muitos daqueles que antes viviam nas ruas têm uma nova chance: um emprego, um lar. A generosidade tornou-se a chave para uma nova vida, a esperança de dias melhores.

Esses exemplos, entre tantos outros, nos mostram que a fé, a esperança e o amor se manifestam em ações concretas, que demonstram o poder transformador do evangelho. Ao testemunharmos a generosidade em ação, somos inspirados a fazer o bem, a servir ao próximo e a construir um mundo onde a compaixão e a solidariedade sejam a norma. A união de esforços, a colaboração e a partilha de recursos são um testemunho poderoso de que, juntos, podemos mudar o mundo.

Agora, vamos aprofundar a reflexão sobre exemplos práticos que demonstram o impacto transformador da generosidade em ação. Tenho pensado muito sobre isso ultimamente, sabe? Como algo tão simples, à primeira vista, pode gerar mudanças tão profundas e duradouras.

Pensei em uma história que li outro dia... Uma pequena comunidade em Moçambique. Lá, uma igreja, com recursos modestos, iniciou um projeto de alfabetização para crianças que não tinham acesso à escola. No começo, quase ninguém acreditava que daria certo. Faltavam materiais, professores qualificados, e o desânimo era grande. Mas a determinação, somada à generosidade de alguns membros da igreja, fez o milagre acontecer. Eles conseguiram arrecadar fundos, construir uma pequena sala de aula e, com o tempo, conseguiram até contratar alguns professores locais. O resultado? Em poucos anos, a taxa de alfabetização da comunidade disparou. Crianças que antes trabalhavam em lavouras, sem perspectiva de futuro, agora sonham em ser médicos, professores, engenheiros. Essa transformação me tocou profundamente, uma vez que me fez perceber que a verdadeira mudança começa com um ato de fé, um ato de doação, mesmo que pequeno.

Outro exemplo que me vem à mente é o trabalho de uma organização não governamental que atua na Amazônia. Eles se dedicam a combater o desmatamento e a proteger as comunidades indígenas. O trabalho deles é árduo, enfrenta muitos obstáculos. Mas, com a ajuda de doações, eles conseguem financiar projetos de reflorestamento, oferecer educação ambiental e apoiar as comunidades locais em projetos de geração de renda sustentável. É algo impressionante, a forma como eles transformam a realidade dessas pessoas, mostrando que é possível viver em harmonia com a natureza. Acredite, é um trabalho essencial para um futuro mais verde.

E não podemos esquecer as ações que acontecem em nossa própria cidade, bem aqui perto, onde moramos. Muitas vezes, nos concentramos em problemas globais, mas esquecemos que a mudança pode começar em nossa rua, no nosso bairro. Conheço uma instituição que oferece refeições gratuitas e apoio a pessoas em situação de rua. Eles dependem de doações e voluntários. O que eles fazem é verdadeiramente louvável. E o mais interessante é que não se trata apenas de comida; é sobre dignidade, esperança, uma mão amiga. Muitas vezes, um prato de comida quente pode ser o início de uma transformação, um recomeço. Eles trabalham com o intuito de superar a miséria e o abandono, oferecendo um ambiente reconfortante.

Além desses exemplos, gostaria de mencionar como a generosidade se manifesta em momentos de crise. Quando um desastre natural atinge uma região, por exemplo, as pessoas se unem para ajudar, e a quantidade de ajuda que recebem é surpreendente. Seja através de doações financeiras, de alimentos, roupas ou até mesmo oferecendo abrigo, a solidariedade humana se revela em toda a sua força. É nesses momentos que vemos a capacidade do ser humano de se importar com o outro, de se colocar no lugar do próximo e agir com empatia. As pessoas sentem uma necessidade intensa de fazer o bem, de aliviar o sofrimento alheio. É algo que me deixa zen.

É importante ressaltar que a generosidade não precisa ser grandiosa para ter um impacto significativo. Uma pequena doação, um ato de gentileza, uma palavra de apoio podem fazer toda a diferença na vida de alguém. O importante é a intenção, o desejo sincero de ajudar o próximo. E, acredite, quando abrimos espaço para a generosidade, a vida torna-se mais rica, mais significativa e cativante.

CAPÍTULO 6

EXEMPLOS HISTÓRICOS DE PRÁTICAS DE DOAÇÃO NAS COMUNIDADES CRISTÃS

Ah, a história... um rio caudaloso de acontecimentos, fé e, claro, generosidade. É como se, ao longo dos séculos, a chama da doação tivesse ardido com diferentes intensidades, em contextos tão distintos, mas sempre com a mesma essência: o amor ao próximo. E é exatamente por essa jornada fascinante que vamos embarcar agora.

Nossa investigação começa com um mergulho profundo nas águas da história, precisamente nas comunidades cristãs. Vamos desvendar as práticas de doação que floresceram desde os primeiros dias do cristianismo. Imagine a cena: os primeiros cristãos, reunidos, compartilhando tudo o que tinham, movidos por um amor genuíno, inspirados pelo exemplo de Jesus. A efervescência do Espírito Santo era palpável, e a partilha era a lei.

E como essa cultura de partilha evoluiu? Como ela se adaptou aos diferentes cenários históricos e culturais? Essa é a pergunta-chave. Veremos como a generosidade se traduziu em ações concretas: o suporte aos necessitados, o financiamento de missões, a construção de igrejas e instituições de caridade. É como folhear um álbum de fotos, observando as diferentes "roupagens" que a doação assumiu ao longo do tempo, desde as doações em espécie até as ofertas mais estruturadas que surgiram posteriormente.

É impressionante como a fé, a esperança e o amor ao próximo impulsionaram os cristãos a doar seus recursos. Precisamos entender as motivações por trás dessas práticas. Estudaremos os relatos bíblicos, documentos históricos e as análises de teólogos e historiadores. Nosso objetivo é construir uma base sólida para compreender a evolução da doação e como ela moldou a identidade e a missão da igreja ao longo dos séculos.

Agora, vamos estabelecer paralelos entre as práticas de doação do passado e o que vemos hoje. As necessidades mudaram, as sociedades evoluíram, mas a essência da generosidade permanece.

Ainda me lembro de quando li sobre a coleta de esmolas, as ofertas para a construção de templos, a criação de instituições de caridade... Eram tempos em que a igreja desempenhava um papel crucial na vida das pessoas.

A Idade Média, por exemplo, foi uma época em que a Igreja era essencial na assistência aos pobres e doentes. As doações eram fundamentais para o funcionamento dessas obras de caridade. As figuras marcantes da história da Igreja... cada uma com sua história, cada uma com sua contribuição.

O Renascimento e a Reforma foram momentos de grande transformação. As novas perspectivas sobre o dízimo e as ofertas, bem como a forma como isso influenciou a maneira de os cristãos contribuírem, foram fascinantes. As mudanças sociais e econômicas impactaram diretamente as práticas de doação.

Hospitais, orfanatos, escolas... exemplos concretos de como a generosidade foi um motor de transformação social. As doações foram essenciais para o desenvolvimento de comunidades e o alívio do sofrimento humano.

Em suma, este bloco é a fundação. A busca pelo conhecimento da história da doação nas comunidades cristãs nos oferece a lente de que precisamos para entender a importância da generosidade no contexto da fé e da comunidade. É uma história que nos toca, nos inspira e nos faz refletir. É, sem dúvida, algo memorável.

Aprofundando a discussão, a comparação entre as práticas de doação do passado e do presente revela transformações significativas, impulsionadas por mudanças sociais, econômicas e tecnológicas. Antigamente, a doação muitas vezes se manifestava em formas mais diretas e tangíveis, como o apoio aos necessitados dentro da comunidade local ou o investimento em projetos de construção de igrejas e instituições de caridade. As ofertas em espécie, como alimentos, roupas e outros bens, eram comuns, refletindo uma economia mais baseada na troca direta. As motivações eram predominantemente religiosas e comunitárias, com a fé e o senso de pertencimento guiando muitas das decisões de doação.

Em contraste, o cenário atual apresenta uma gama mais diversificada de opções e abordagens. A globalização e o desenvolvimento tecnológico expandiram as possibilidades de doação, permitindo que os indivíduos contribuam para causas em todo o mundo com apenas alguns cliques. As doações financeiras tornaram-se a forma mais comum, e as plataformas online e as mídias sociais facilitam a conexão entre doadores e organizações beneficentes. As motivações para a doação também se diversificaram, incluindo o desejo de causar um impacto social positivo, o apoio a causas específicas e o reconhecimento público.

As práticas de doação contemporâneas são frequentemente mais estruturadas e profissionalizadas. As organizações sem fins lucrativos empregam estratégias sofisticadas de captação de recursos, incluindo campanhas de marketing, eventos de arrecadação de fundos e programas de fidelidade. A transparência e a prestação de contas tornaram-se critérios importantes para os doadores, que buscam garantir que seus recursos sejam utilizados de forma eficaz e responsável. Além disso, a crescente importância da responsabilidade social corporativa levou as empresas a desempenharem um papel cada vez maior na doação e no apoio a causas sociais.

Entretanto, apesar dessas mudanças, os princípios fundamentais da generosidade e do amor ao próximo continuam sendo o cerne da prática da doação nas comunidades cristãs. A fé em Deus, a compaixão pelos necessitados e o desejo de fazer a diferença no mundo permanecem como poderosos motivadores para a doação. Ao examinar as práticas passadas e presentes, é possível obter uma compreensão mais profunda da evolução da doação e de seu impacto na sociedade. A comparação entre as formas tradicionais de doação e as abordagens modernas nos ajuda a apreciar a complexidade da generosidade humana e a importância de cultivar uma cultura de doação contínua.

E agora, vamos explorar as práticas de doação que floresceram ao longo dos séculos, com um olhar atento aos exemplos que moldaram a fé cristã. É como se abríssemos um álbum de fotografias antigas, cada imagem revelando uma faceta da generosidade humana.

Durante a Idade Média, a Igreja Católica tornou-se uma instituição central na vida das pessoas, e sua influência estendia-se a praticamente todos os aspectos da sociedade. Nesse contexto, a doação desempenhava um papel crucial, sendo o alicerce para a manutenção de hospitais, orfanatos, leprosários e outras instituições de caridade. Acreditava-se que a caridade era um ato de amor a Deus e uma forma de obter a salvação. Por isso, a doação era encarada como uma obrigação moral e espiritual. As pessoas faziam doações em dinheiro, bens materiais e, em alguns casos, até mesmo com seu tempo e trabalho. As igrejas e mosteiros eram os principais centros de arrecadação e distribuição desses recursos, e a generosidade era vista como um reflexo da fé e da devoção.

As ofertas para a construção de templos eram uma prática comum. As catedrais góticas, com suas imponentes torres e vitrais coloridos, são testemunhas da fé e da dedicação do povo. A construção dessas igrejas grandiosas exigia recursos financeiros massivos, e as doações eram essenciais para viabilizar esses projetos. As pessoas doavam dinheiro, pedras, madeira e outros materiais, e até mesmo participavam da construção, demonstrando seu compromisso com a comunidade religiosa.

As instituições de caridade, como hospitais e orfanatos, eram sustentadas por doações e pela caridade dos cristãos. Essas instituições desempenhavam um papel vital na assistência aos pobres, doentes e necessitados, oferecendo abrigo, alimentação, cuidados médicos e apoio espiritual. As doações eram essenciais para o funcionamento dessas obras de caridade, permitindo que elas atendessem às necessidades da comunidade. Acredito que essa dedicação é algo que realmente merece nossa admiração.

Algumas figuras destacaram-se como exemplos de generosidade e caridade. São Francisco de Assis, por exemplo, renunciou à sua riqueza e dedicou sua vida ao serviço dos pobres e doentes. Sua vida e obra inspiraram muitos a praticar a caridade e a compaixão. Santa Teresa de Calcutá também é uma figura emblemática. Dedicou sua vida a cuidar dos mais necessitados, fundando a ordem das Missionárias da Caridade. Ela é um exemplo inspirador de amor e serviço ao próximo. Essas pessoas deixaram um legado duradouro de fé e generosidade, mostrando que a doação é uma expressão essencial da fé cristã.

O Renascimento e a Reforma trouxeram mudanças significativas para a prática da doação. A Reforma Protestante, com suas novas perspectivas sobre o dízimo e as ofertas, influenciou a forma como os cristãos passaram a contribuir. A Reforma questionou algumas práticas da Igreja Católica e enfatizou a importância da fé individual e da leitura da Bíblia. Os reformadores defendiam que a doação deveria ser voluntária e baseada na fé, em vez de uma obrigação imposta pela Igreja. Essa nova visão sobre o dízimo e as ofertas teve um impacto significativo na maneira como as pessoas contribuíam.

As mudanças sociais e econômicas também afetaram as práticas de doação. O crescimento das cidades, o desenvolvimento do comércio e o surgimento de novas formas de riqueza trouxeram novos desafios e oportunidades para a prática da caridade. As pessoas passaram a doar para diferentes causas, como educação, saúde e desenvolvimento social. As organizações de caridade, como as sociedades bíblicas e as missões, desempenharam um papel importante na arrecadação e distribuição de recursos.

A criação de hospitais, orfanatos e escolas foi um marco importante na história da doação. As doações foram essenciais para o funcionamento dessas instituições, que desempenharam um papel crucial na assistência aos necessitados e na promoção do bem-estar social. As escolas ofereciam educação, os hospitais cuidavam dos doentes e os orfanatos protegiam as crianças abandonadas. Essas instituições foram um testemunho do poder da generosidade e da caridade para transformar a vida das pessoas.

Em suma, a história da doação nas comunidades cristãs é um relato inspirador de fé, esperança e amor ao próximo. É uma narrativa que nos ensina sobre a importância da generosidade, do serviço e da compaixão. Ao analisarmos esses exemplos, podemos encontrar inspiração para continuar praticando a caridade e fazendo a diferença no mundo.

Como prometido, agora vamos aprofundar a análise das práticas de doação, desta vez focando nas transformações ocorridas durante o Renascimento e a Reforma Protestante. Aquele período foi, sem dúvida, um turbilhão de ideias e mudanças que impactaram profundamente a sociedade europeia, incluindo, claro, a forma como as pessoas viam e praticavam a caridade.

O Renascimento, com seu foco no humanismo e na redescoberta dos valores da Antiguidade Clássica, trouxe uma nova perspectiva sobre o papel do indivíduo na sociedade. A ênfase na razão e na experiência terrena, em vez de apenas na vida após a morte, incentivou uma maior preocupação com o bem-estar social e com a melhoria das condições de vida aqui e agora. Artistas, intelectuais e mecenas, impulsionados por essa nova mentalidade, começaram a investir em projetos que visavam o progresso humano, como a construção de hospitais, universidades e instituições de caridade. A doação, nesse contexto, passou a ser vista não apenas como um ato religioso, mas também como uma forma de expressão do poder e da riqueza, um investimento no legado pessoal e na glória da cidade.

A Reforma Protestante, por outro lado, trouxe consigo uma revolução ainda maior, com consequências diretas e duradouras sobre a forma como os cristãos praticavam a doação. Martinho Lutero, com suas 95 teses, desafiou a autoridade da Igreja Católica e criticou a venda de indulgências, que, na época, eram vistas como uma forma de "comprar" o perdão dos pecados e garantir a salvação. Lutero defendia a salvação pela fé e enfatizava a importância da leitura da Bíblia e da relação direta com Deus.

Essa mudança de pensamento teve um impacto significativo na forma como os protestantes encaravam a doação. A ênfase na fé pessoal e na relação direta com Deus levou a uma maior valorização da caridade como um ato de amor e obediência a Deus, e não como um meio de obter a salvação. O dízimo, que antes era visto como uma obrigação para a Igreja, passou a ser interpretado de forma diferente, com algumas vertentes protestantes defendendo a sua continuidade, enquanto outras propunham novas formas de contribuição voluntária. As ofertas, antes ligadas a rituais e práticas específicas, tornaram-se uma expressão da gratidão e do compromisso com a obra de Deus.

A Reforma também promoveu uma maior responsabilidade individual pela caridade. As comunidades protestantes, muitas vezes, criavam suas próprias instituições de caridade, como hospitais, orfanatos e escolas, financiadas por meio de doações e ofertas. A ideia era que cada cristão, movido pela fé e pelo amor ao próximo, deveria contribuir com seus recursos para ajudar os necessitados e promover o bem-estar da comunidade.

Essas mudanças sociais e econômicas da época também tiveram um papel relevante na forma como as pessoas doavam. O crescimento das cidades, o desenvolvimento do comércio e a ascensão da burguesia criaram novas oportunidades de riqueza e, consequentemente, de doação. As famílias ricas, muitas vezes, investiam em projetos sociais e culturais, como forma de demonstrar sua influência e generosidade.

Agora, vamos analisar exemplos concretos de como a generosidade se manifestou durante esse período de transformação. A criação de hospitais, orfanatos e escolas, por exemplo, foi um dos resultados mais notáveis do movimento reformista. As doações foram essenciais para financiar essas instituições, que ofereciam cuidados médicos, abrigo e educação para os necessitados. A caridade, nesse contexto, não era apenas uma questão de assistência aos pobres e doentes, mas também uma forma de promover a justiça social e o desenvolvimento humano.

Em algumas cidades, as igrejas reformadas criaram sistemas de assistência social que incluíam a distribuição de alimentos, roupas e abrigo para os necessitados. Em outras, os cidadãos se organizavam em associações de caridade, que arrecadavam doações e prestavam assistência às famílias em dificuldades. A generosidade, portanto, assumiu diversas formas, adaptando-se às necessidades e aos desafios de cada comunidade.

É impressionante como a Reforma Protestante transformou a forma como os cristãos encaravam a doação, valorizando a fé pessoal e a responsabilidade individual. A criação de instituições de caridade e o engajamento da comunidade foram fatores-chave para impulsionar a transformação social. Foi um período intenso e surpreendente, que nos deixa uma lição valiosa sobre a importância da generosidade e do amor ao próximo.

Capítulo 7

PRÁTICAS DE GENEROSIDADE HOJE

Ah, a generosidade... Aquele sentimento bom que parece acender uma luz dentro de nós, não é mesmo? Aquele impulso quase irresistível de querer fazer o bem, de estender a mão, de compartilhar o que temos, seja material ou não. Neste capítulo, vamos mergulhar de cabeça nas águas cristalinas da generosidade, mas com um foco bem prático: como transformar essa chama em ações concretas no nosso dia a dia.

Acredite, a generosidade não precisa ser grandiosa para ter um impacto enorme. Muitas vezes, são os pequenos gestos que aquecem o coração e fazem a diferença. Sabe aquela ligação para um amigo que está passando por um momento difícil? Ou a ajuda ao vizinho que precisa de uma mãozinha com algo? A generosidade se manifesta de inúmeras formas, e o mais importante é que ela parta do coração, com sinceridade e amor.

A primeira coisa que precisamos entender é que a generosidade não é um bicho de sete cabeças. Ela não está restrita a quem tem muito dinheiro ou a quem vive em um mundo de perfeição. Muito pelo contrário! A generosidade é um músculo que pode ser exercitado por todos nós, independentemente da nossa situação financeira, dos nossos desafios ou das nossas circunstâncias. É sobre a disponibilidade do coração, sobre a vontade de se importar com o próximo, de se colocar no lugar do outro.

Então, como podemos incorporar essa prática em nossa rotina? A resposta é mais simples do que imaginamos. Comece observando as oportunidades que a vida nos apresenta. A generosidade pode florescer em diversos campos:

Na família: Que tal dedicar um tempo de qualidade aos seus pais, irmãos, filhos ou cônjuge? Um abraço apertado, uma conversa sincera, uma ajuda com as tarefas de casa... Pequenos gestos podem fortalecer os laços familiares e criar um ambiente de apoio e amor. Lembro-me de quando minha avó, mesmo com tantas dificuldades, sempre tinha um sorriso e um prato de comida para oferecer. Isso me ensinou que a generosidade não se mede pela quantidade, mas pela intenção.

No trabalho: Seja prestativo com seus colegas, ofereça ajuda quando alguém precisar, compartilhe seus conhecimentos e ideias. Um ambiente de trabalho colaborativo e solidário é muito mais produtivo e gratificante para todos. Outro dia, no meu escritório, vi um colega com dificuldades em uma tarefa e prontamente ofereci ajuda. Ele ficou tão agradecido, e o sentimento de fazer o bem foi incrivelmente recompensador.

Na comunidade: Participe de ações voluntárias, doe sangue e colabore com projetos sociais. Existem inúmeras organizações que precisam de ajuda, e cada contribuição, por menor que seja, faz a diferença. Recentemente, envolvi-me em um projeto de arrecadação de alimentos para famílias carentes. A sensação de ver a alegria no rosto das pessoas ao receberem a ajuda foi algo realmente inspirador.

Mas a generosidade não se resume apenas a ações pontuais. Ela pode ser uma atitude constante, que permeia todas as áreas da nossa vida. É sobre estar atento às necessidades dos outros, sobre ser empático, sobre praticar a bondade em cada interação. É sobre escolher ser a diferença que queremos ver no mundo, um dia de cada vez.

Por isso, a partir de agora, convido você a abrir os olhos e o coração para as oportunidades de ser generoso que surgem a cada dia. Não espere ter muito para começar. Comece com o que você tem, com o que você pode. A generosidade é uma jornada, e o mais importante é dar o primeiro passo. Ah, e lembre-se: o ato de dar, por si só, já é incrivelmente reconfortante. É uma experiência que nos conecta com o que há de melhor em nós mesmos e nos aproxima do divino.

Agora que desvendamos a importância de incorporar a generosidade no dia a dia, é crucial direcionar nossos olhares para um pilar fundamental: o planejamento financeiro. Afinal, a maneira como administramos nossos recursos tem um impacto direto na nossa capacidade de praticar a doação e, consequentemente, de expressar a generosidade em sua forma mais tangível.

A gestão financeira, vista sob a ótica dos princípios espirituais, revela-se não apenas uma questão de números, mas uma ferramenta poderosa que nos permite honrar nossos compromissos e multiplicar a abundância. É nesse contexto que o planejamento financeiro se torna um ato de fé, um testemunho da nossa confiança em Deus e da nossa disposição de compartilhar o que nos foi confiado.

Iniciar um planejamento financeiro requer, primeiramente, uma análise honesta da nossa situação atual. Devemos questionar: como estamos gastando nosso dinheiro? Quais são nossas maiores despesas? Onde podemos otimizar nossos gastos? A elaboração de um orçamento detalhado é o ponto de partida. Registrar cada entrada e saída de recursos nos proporciona uma visão clara de para onde nosso dinheiro está indo e nos permite identificar áreas onde podemos fazer ajustes.

Em seguida, a definição de metas financeiras claras e realistas é essencial. Essas metas podem incluir a poupança para emergências, a quitação de dívidas, a realização de investimentos e, claro, a separação de recursos para a doação. Estabelecer um percentual fixo para a doação, seja ele o dízimo, uma oferta regular ou contribuições para projetos sociais, transforma a generosidade em um hábito consistente, em vez de uma ação esporádica.

A poupança e os investimentos desempenham um papel fundamental nesse processo. A poupança nos garante uma reserva financeira para imprevistos, protegendo-nos de situações que possam comprometer nossa capacidade de doar. Os investimentos, por sua vez, permitem multiplicar nossos recursos, aumentando nossa capacidade de generosidade a longo prazo. É importante ressaltar que os investimentos devem ser realizados com sabedoria, considerando o perfil de risco e os objetivos financeiros de cada indivíduo.

Evitar dívidas desnecessárias é outro aspecto fundamental do planejamento financeiro. As dívidas, especialmente aquelas que envolvem juros altos, podem nos aprisionar e limitar nossa liberdade financeira. Ao nos livrarmos dessas dívidas, abrimos espaço para a generosidade, permitindo que utilizemos nossos recursos de forma mais livre e abundante.

A busca pela liberdade financeira, ou seja, a capacidade de viver sem se preocupar com as finanças, é um objetivo almejado por muitos. Essa liberdade nos permite tomar decisões com base em nossos valores e prioridades, incluindo a generosidade. Quando alcançamos a liberdade financeira, a doação torna-se um ato natural e espontâneo, impulsionado pelo desejo de abençoar os outros e fazer a diferença no mundo.

Em resumo, o planejamento financeiro não é um fim em si mesmo, mas um meio para alcançarmos uma vida mais abundante e generosa. Ao adotarmos uma gestão financeira sensata, que equilibre nossas necessidades com a nossa capacidade de doar, estamos construindo um futuro mais próspero e significativo, tanto para nós quanto para aqueles que nos cercam. A generosidade, nesse contexto, torna-se um testemunho da nossa fé, um reflexo do amor de Deus em nossas vidas e uma ferramenta poderosa para transformar o mundo.

Partindo da gestão financeira, é imperativo aprofundar a importância de uma doação regular e intencional. Dizer que é crucial doar não basta; é essencial entender como fazê-lo de forma consistente e planejada. A meta aqui é desmistificar a noção de que a doação precisa ser grandiosa para gerar impacto. Apresentarei sugestões práticas para que o leitor se envolva em atos de doação, seja através de dízimos, ofertas ou outras formas de contribuição.

É fascinante como a regularidade fortalece o hábito da generosidade, permitindo que instituições e indivíduos que recebem ajuda planejem melhor suas atividades. Imagine a diferença entre receber uma doação inesperada e contar com um fluxo constante de recursos. A estabilidade financeira proporcionada por uma doação regular é, por vezes, a diferença entre prosperar e apenas sobreviver.

No entanto, como definir uma quantia adequada para doar? Essa é uma questão profundamente pessoal, mas podemos traçar algumas diretrizes. Uma abordagem comum é destinar um percentual da renda, como o dízimo, uma prática enraizada em muitas tradições religiosas. Mas, acima de tudo, o que importa é a sinceridade e a disposição do coração. Começar com o que se pode e aumentar gradualmente, à medida que as finanças permitem, é uma estratégia sábia.

Organizar as doações de forma eficiente também é fundamental. Utilizar plataformas digitais, programar transferências bancárias ou separar um valor mensalmente são alternativas que facilitam o processo. Além disso, acompanhar o impacto das contribuições feitas é uma forma de manter a motivação e perceber o valor do que se doa. Ver o resultado do seu ato de generosidade – seja a construção de uma escola, o amparo a uma família necessitada ou a pesquisa de uma cura – é extremamente gratificante e inspirador.

A regularidade na doação não é apenas sobre números; é sobre criar um ciclo de bênçãos. Quanto mais doamos, mais abrimos o coração para receber. É um princípio quase zen: ao praticar a generosidade, atraímos mais abundância para nossas vidas. É um investimento no futuro, não apenas para os outros, mas também para nós mesmos.

E, honestamente? É um ciclo que me enche de esperança. Saber que, mesmo com pequenas ações, podemos fazer uma diferença significativa no mundo, é algo profundamente reconfortante. Ver o sorriso de uma criança alimentada, a esperança nos olhos de quem recebe ajuda, é algo que não tem preço. É uma experiência intensa que transforma.

Expandindo o conceito de generosidade, vamos além dos limites financeiros, onde o coração da ação reside não apenas no montante doado, mas também na amplitude de gestos que emanam de uma alma verdadeiramente generosa. A moeda do tempo, os talentos que possuímos e a riqueza dos nossos relacionamentos são moedas igualmente valiosas na economia da bondade.

Como podemos, então, ser pródigos com o tempo, esse recurso tão precioso e, ao mesmo tempo, tão democrático, que todos recebemos em iguais medidas a cada amanhecer? O voluntariado, a doação de horas a causas nas quais acreditamos, é uma forma notável de expressar essa generosidade. Mas a generosidade com o tempo não se limita a atividades estruturadas. Visitar alguém que se sente sozinho, oferecer uma palavra de encorajamento ou simplesmente estar presente para ouvir são gestos que podem trazer um conforto profundo e duradouro. Pense na alegria de um idoso recebendo uma visita inesperada ou no alívio sentido por alguém que encontra um ombro amigo em um momento de dificuldade. São nesses atos singelos que a generosidade revela sua face mais humana e autêntica.

E os talentos, aqueles dons singulares que cada um de nós carrega? Eles também podem ser ferramentas poderosas para a generosidade. Se você tem o dom da escrita, por que não compartilhar seus textos, suas histórias e seus pensamentos, de forma a inspirar e tocar outras pessoas? Se a música é a sua paixão, por que não tocar para aqueles que precisam de um pouco de alegria? Se a sua habilidade é a de ensinar, por que não compartilhar seu conhecimento, orientando e incentivando aqueles que buscam aprender? Usar os talentos para o bem é uma forma de retribuir ao mundo a dádiva que recebemos e, ao mesmo tempo, enriquecer a vida de outras pessoas. É como semear sementes de esperança, que florescem em atos de bondade e em um sentimento de propósito.

A generosidade nos relacionamentos, por sua vez, é a espinha dorsal de uma sociedade mais justa e compassiva. A empatia, a capacidade de se colocar no lugar do outro, é a chave para compreender as necessidades e os sentimentos alheios. O perdão, esse bálsamo para as feridas da alma, nos liberta do peso da mágoa e nos permite reconstruir pontes de confiança. A compaixão, o desejo genuíno de aliviar o sofrimento do outro, nos impulsiona a agir, a oferecer ajuda, a estender a mão. Em um mundo onde as relações são cada vez mais superficiais e descartáveis, a generosidade nos relacionamentos torna-se ainda mais essencial. Ela nos lembra que somos seres interconectados, que nossas ações têm impacto na vida dos outros e que, juntos, podemos construir um futuro mais humano.

Ser generoso, portanto, é muito mais do que doar dinheiro. É um estilo de vida, uma forma de ser que se manifesta em cada ação, em cada palavra, em cada pensamento. É reconhecer a nossa interdependência, a nossa responsabilidade em relação ao outro e agir em conformidade com esse conhecimento. Ao praticarmos a generosidade em todas as áreas da nossa vida, transformamos a nós mesmos, fortalecemos nossos laços com o próximo e fazemos do mundo um lugar um pouco melhor, mais acolhedor e, por que não, mais zen. É um convite constante para olharmos para dentro de nós, reconhecermos o nosso potencial de amar e de fazer o bem, e nos tornarmos a melhor versão de nós mesmos. E a recompensa? Bem, essa é a parte mais surpreendente: a alegria, a paz e a satisfação que emanam de um coração generoso são presentes inesperados, mas extremamente luxuosos, que nos acompanham em cada passo da jornada.

Capítulo 8

DÍZIMOS E OFERTAS EM TEMPOS DE CRISE

Ah, essa questão dos dízimos e ofertas... Sempre me faz pensar em tantas coisas, sabe? E em tempos de crise, então? É um turbilhão de sentimentos e reflexões. Imagine só, a gente se esforçando para manter a fé, a esperança, e, de repente, a vida teima em nos dar um sacode. Seja financeiramente, na saúde ou até mesmo em grandes tragédias. Como ficam nossos corações, nossas carteiras e a maneira como enxergamos a generosidade?

O impacto das crises na prática da doação é algo que me toca profundamente. Lembro de ter lido sobre comunidades que, após um desastre natural, viram suas igrejas transformarem-se em abrigos e centros de distribuição de alimentos. É impressionante, não é? Mas também é doloroso, porque sabemos que, junto com a solidariedade, vêm as dificuldades. A perda de empregos, a redução da renda e a necessidade de priorizar o básico – a comida, a moradia. Como, então, manter a chama da doação acesa?

Há alguns anos, acompanhei de perto a situação de uma família que, de uma hora para outra, se viu em dificuldades financeiras. O pai perdeu o emprego, a mãe tentava equilibrar as contas com um pequeno negócio, e as crianças... Bem, as crianças sentiam tudo isso. Elas eram muito ativas na igreja, sempre generosas, mas, de repente, as ofertas diminuíram. E a gente se pergunta: "E agora? Como julgar?" A verdade é que não cabe a nós julgar. Cada um dá o que pode, dentro de suas possibilidades.

Estudos e dados revelam mudanças nos padrões de doação durante esses momentos desafiadores. As pessoas podem doar menos, mudar a forma de doar ou priorizar outras necessidades. E a gente entende, né? É uma questão de sobrevivência, às vezes. Mas o mais surpreendente – e reconfortante – é ver a resiliência das comunidades cristãs.

Lembro de uma igreja que, diante de uma crise econômica, criou um fundo de emergência, financiado por doações de membros com maior condição financeira. Eles também começaram a promover bazares e eventos para arrecadar fundos, além de oferecer cursos de educação financeira. Foi inspirador ver a união e a criatividade.

Em outra ocasião, acompanhei uma igreja que começou a utilizar plataformas online para receber doações. A facilidade de doar, mesmo à distância, abriu um mundo de possibilidades. E não só isso: a comunicação transparente entre os líderes religiosos e os membros da comunidade tornou-se essencial. Eram reuniões, cartas, e-mails, explicando a situação, mostrando onde o dinheiro seria investido e pedindo, com carinho, a participação de todos. A confiança fortaleceu-se, e a generosidade, mesmo que em menor escala, continuou presente.

Acredito que a honestidade seja fundamental. Os líderes precisam ser transparentes sobre as dificuldades, sobre como as doações estão sendo utilizadas e sobre as necessidades da comunidade. Afinal, ninguém gosta de ser enganado, não é? E a fé, a esperança e a generosidade são como um tripé: se um dos pés fraquejar, o equilíbrio se perde. Mas, quando todos estão firmes, conseguimos, sim, superar qualquer obstáculo.

No entanto, a questão central permanece: como as comunidades cristãs, em sua essência, podem demonstrar resiliência e adaptar-se diante dessas provações? A resposta, a meu ver, reside em uma combinação de estratégias bem planejadas e, acima de tudo, na capacidade de manter a fé ativa e pulsante.

Pensemos, por exemplo, em igrejas que, diante da escassez, encontraram formas criativas de sustentar suas atividades e, mais importante, de ajudar seus membros e a comunidade em geral. A adoção de plataformas online para doações, em alguns casos, foi crucial. Ela permitiu que a generosidade não fosse limitada por barreiras físicas ou pela impossibilidade de encontros presenciais. A criação de fundos de emergência, com regras claras e transparentes, ofereceu um suporte vital para aqueles que enfrentavam dificuldades financeiras inesperadas.

Mas a resiliência vai além do aspecto financeiro. Ela se manifesta na organização de grupos de apoio, na oferta de aconselhamento pastoral, na criação de redes de solidariedade que conectam quem precisa com quem pode ajudar. Igrejas que se mantiveram ativas na distribuição de alimentos, na oferta de suporte educacional para crianças e jovens, e no auxílio a pessoas desempregadas, foram faróis de esperança em meio à escuridão.

Um elemento crucial, que não pode ser negligenciado, é a comunicação. Líderes religiosos precisam ser honestos e transparentes com seus membros. A abertura sobre as dificuldades financeiras, a honestidade na prestação de contas e a clareza sobre as prioridades são essenciais para construir confiança e incentivar a participação. A comunicação não deve ser apenas informativa, mas também inspiradora. Em momentos de crise, as pessoas precisam de esperança e motivação. As palavras de um líder podem ser um bálsamo para a alma, um lembrete de que a fé é uma força poderosa que nos capacita a superar qualquer obstáculo.

Mas, o que dizer sobre a criatividade? Ela se revela, por exemplo, em programas de mentoria, onde membros mais experientes da comunidade compartilham seus conhecimentos e experiências com aqueles que precisam de orientação. Ela se manifesta na organização de mutirões, nos quais as pessoas se unem para realizar tarefas que beneficiam a todos. Ela está presente no uso de tecnologias e plataformas digitais para otimizar processos e facilitar a comunicação. A generosidade assume novas formas, adaptando-se às realidades contemporâneas.

Por fim, é importante ressaltar que a fé cristã, em sua essência, nos convida à ação. Não basta apenas orar e esperar que as coisas melhorem; é preciso agir, estender a mão e ser a diferença que queremos ver no mundo. A solidariedade é um valor fundamental do cristianismo, e, em tempos de crise, ela se torna ainda mais essencial. É um testemunho vivo de nossa fé, uma demonstração concreta do amor de Deus que nos impulsiona a cuidar uns dos outros. E, acredite, é algo realmente impressionante de se ver e sentir.

Como as comunidades cristãs podem demonstrar resiliência e se adaptar a essas situações? A resposta não é simples, mas a observação de inúmeros exemplos revela um padrão: a capacidade de se reinventar. Igrejas e organizações religiosas, ao redor do mundo, têm se mostrado notavelmente adaptáveis diante de crises. A chave reside na flexibilidade e na abertura para novas abordagens.

Um exemplo inspirador é o da Igreja Batista da Esperança, em uma cidade do interior. Diante de uma crise econômica que afetou drasticamente os membros, a igreja, em vez de se lamentar, buscou soluções criativas. Eles criaram um programa de mentoria, onde membros com experiência em diferentes áreas ofereciam orientação a outros, ajudando-os a encontrar novas fontes de renda ou a aprimorar habilidades. Além disso, lançaram um fundo de emergência, financiado por doações e eventos beneficentes, que fornecia auxílio financeiro temporário para famílias em dificuldades.

A comunicação transparente e honesta emergiu como um pilar essencial. O pastor da igreja, em seus sermões e encontros, não hesitou em compartilhar a situação financeira da comunidade, incentivando a solidariedade e a compreensão mútua. Essa abertura, longe de afastar os fiéis, fortaleceu os laços e intensificou o senso de pertencimento. A confiança, então, floresceu.

Outro exemplo, desta vez de uma organização católica, demonstra como a tecnologia pode ser uma aliada poderosa. Durante a pandemia, quando as igrejas foram fechadas, a organização utilizou plataformas online para transmitir missas, realizar encontros e receber doações. Isso permitiu que a comunidade permanecesse conectada e que a prática da caridade continuasse, mesmo em meio ao isolamento. A transição para o ambiente digital não foi fácil, mas a necessidade impulsionou a inovação.

A mobilização de voluntários também é uma estratégia crucial. Em momentos de crise, o espírito de serviço se eleva. Igrejas que possuem programas de voluntariado bem estruturados conseguem canalizar essa energia para ajudar os mais necessitados. Seja na distribuição de alimentos, na organização de abrigos temporários ou no apoio emocional, os voluntários são o coração pulsante da solidariedade.

A adaptação das práticas de doação é outro aspecto relevante. Em tempos de dificuldades financeiras, as pessoas podem não ter condições de contribuir com as mesmas quantias de antes. Nesse sentido, a flexibilidade é fundamental. Algumas igrejas implementaram sistemas de doações escalonadas, permitindo que os membros contribuíssem com valores menores, mas de forma regular. Outras incentivaram a doação de tempo e habilidades, reconhecendo que a generosidade pode se manifestar de diversas formas.

A criatividade, como já mencionado, é uma ferramenta fundamental. Uma igreja em uma comunidade rural, por exemplo, transformou sua propriedade em uma horta comunitária, onde os membros cultivavam alimentos para doação. Essa iniciativa, além de fornecer alimentos, promoveu a união e o engajamento.

Em suma, a resiliência das comunidades cristãs em tempos de crise reside na capacidade de se adaptar, inovar e, acima de tudo, manter viva a chama da fé e da esperança. É um processo contínuo de aprendizado e aprimoramento, que exige liderança, comunicação transparente e, acima de tudo, um coração voltado para o serviço ao próximo. Acredito que, ao olharmos para esses exemplos, somos lembrados do poder transformador da fé em ação. E, sinceramente, é algo profundamente inspirador.

A criatividade, em sua essência, é o catalisador que transforma desafios em oportunidades, e a doação não é exceção. Em tempos de crise, ela se revela de formas surpreendentes e eficazes, transcendendo as fronteiras do financeiro e abraçando a essência da solidariedade humana.

As comunidades cristãs, em sua busca constante por viver os ensinamentos de Cristo, demonstram uma capacidade notável de se adaptar e inovar. A simples organização de mutirões, por exemplo, transforma a prática da doação em uma experiência tangível e coletiva. Imagine a cena: vizinhos reunidos para reformar a casa de uma família que perdeu tudo em uma enchente, ou voluntários preparando refeições para os desabrigados. Essa demonstração de amor ao próximo, que vai além do dinheiro, é incrivelmente reconfortante e inspiradora.

Os programas de mentoria e apoio emocional representam outra faceta da generosidade em ação. Em momentos de fragilidade, a escuta atenta e o aconselhamento de pessoas experientes podem ser mais valiosos do que qualquer quantia em dinheiro. Jovens que perderam seus pais, idosos que se sentem sozinhos e famílias que lutam contra a depressão encontram, na palavra amiga e no ombro disponível, um alento que lhes permite superar as dificuldades.

A tecnologia, nesse contexto, surge como uma ferramenta poderosa, impulsionando a doação a novos patamares. Plataformas digitais permitem que igrejas e organizações arrecadem fundos de forma rápida e eficiente, alcançando um público muito maior. Campanhas de *crowdfunding*, lives de arrecadação e aplicativos de doação tornam o ato de doar mais acessível e transparente. É como se a fé, a esperança e a solidariedade ganhassem asas e pudessem chegar a qualquer lugar do mundo.

A adaptação das práticas de doação às novas realidades também envolve a criação de fundos de emergência, que podem ser acionados em momentos de crise. Esses fundos, alimentados por doações regulares, proporcionam um suporte financeiro imediato às famílias e indivíduos que mais precisam. Além disso, a comunicação transparente e honesta entre líderes religiosos e membros da comunidade é crucial para manter a confiança e o engajamento. É preciso que as igrejas demonstrem, de forma clara e aberta, como os recursos estão sendo utilizados, prestando contas de suas ações e mostrando o impacto das doações.

Ao mesmo tempo, é importante que as comunidades cristãs incentivem a diversidade de formas de doação. Nem todos podem contribuir financeiramente, mas cada um tem um dom a ser oferecido. Há aqueles que podem dedicar tempo e trabalho voluntário, outros que podem oferecer seus talentos artísticos ou habilidades profissionais, e ainda aqueles que podem simplesmente orar e interceder pelos necessitados. A generosidade, em sua amplitude, é uma expressão de amor que se manifesta de inúmeras maneiras.

A criatividade, portanto, é a chave para manter viva a chama da solidariedade em tempos de crise. Ao abraçar a inovação, adaptar as práticas e valorizar cada forma de doação, as comunidades cristãs demonstram que, mesmo em meio às maiores dificuldades, a fé e a esperança podem ser fontes de força e inspiração para transformar o mundo.

CAPÍTULO 9

A ÉTICA DA GENEROSIDADE

Sabe, sempre achei que a parte mais **essencial** quando falamos de dízimos e ofertas é... a ética. Parece óbvio, né? Mas vivemos em um mundo onde a fé, às vezes, se mistura com cifrões, e tudo fica mais complexo do que gostaríamos. Por que a ética é tão crucial nesse universo? Bem, a resposta pode ser mais profunda do que imaginamos.

Pense comigo: quando você decide ofertar, você está confiando. Confia que seu dinheiro será usado para algo maior, para causas nobres, para edificar a comunidade. Mas e se essa confiança for traída? E se o dinheiro não for utilizado da forma que você esperava? É nesse momento que a ética entra em cena. Ela é o alicerce que sustenta essa confiança. É o que garante que a sua **generosidade** não seja em vão.

As decisões financeiras, mesmo as menores, têm um impacto significativo. Imagine o efeito em cascata: a forma como uma igreja administra seus recursos influencia a vida de seus membros, a sociedade ao redor e até mesmo a imagem que ela projeta. A responsabilidade é enorme, e precisamos **superar** a ideia de que o dinheiro é "só dinheiro". Ele é uma ferramenta, um meio, um reflexo. É uma representação tangível da fé, da esperança e da vontade de fazer o bem.

E sabe o que mais? Esses recursos, no fundo, pertencem a Deus e aos fiéis, claro. A gente não pode esquecer disso. É como se fôssemos curadores de um tesouro, responsáveis por usá-lo com sabedoria e integridade. A **honestidade** e a **transparência** são a chave. Precisamos ser abertos sobre como o dinheiro entra, como ele sai e como é utilizado. É preciso prestar contas de forma clara e precisa, para que a comunidade possa confiar plenamente.

A ausência de ética, por outro lado, pode trazer problemas. Pode gerar desconfiança, afastar as pessoas da fé e até mesmo destruir comunidades inteiras. Por isso, a ética é um farol; é o que nos guia em meio às tempestades, nos ajuda a tomar decisões difíceis e a manter o foco no que realmente importa: a missão de servir, amar e fazer o bem. A ética é a base para que a doação seja um ato **inspirador**, um ato de amor que reverbera na vida de todos nós.

Aprofundemos agora a questão central: a relação entre a forma como os recursos são geridos e a confiança depositada nas instituições religiosas. Essa dinâmica é crucial, pois a confiança, uma vez abalada, pode ser extremamente difícil de restaurar. Imagine uma comunidade de fé, unida pela crença e pelo desejo de praticar a caridade. Essa comunidade se reúne, compartilha suas posses e, em fé, entrega ofertas e dízimos. O que acontece com esse dinheiro? Como ele é utilizado? A resposta a essas perguntas é o alicerce da confiança.

A transparência, nesse contexto, é como a luz do sol em um jardim. Ela permite que todos vejam o que está sendo cultivado e como está sendo cuidado. A ausência de transparência, por outro lado, cria sombras, alimenta suspeitas e abre espaço para a desconfiança. Relatórios financeiros claros e acessíveis são, portanto, essenciais. Devem ser elaborados de forma compreensível, sem jargões financeiros complexos que afastem os membros da comunidade. É preciso ir além dos números, mostrando o impacto das doações na vida das pessoas, os projetos que foram realizados e os resultados alcançados.

A participação da comunidade na tomada de decisões é outro pilar fundamental. Quando os membros sentem que têm voz, que suas opiniões são valorizadas e que estão envolvidos no processo, a confiança floresce. Isso pode acontecer por meio de assembleias, conselhos consultivos ou outras formas de participação democrática. A prestação de contas regular é, por fim, a garantia de que a confiança seja renovada constantemente. É preciso apresentar os resultados das ações, demonstrar a boa gestão dos recursos e responder às perguntas e preocupações da comunidade.

A transparência não é apenas uma questão de números, mas também de comunicação aberta. A igreja deve comunicar de maneira clara e honesta como as doações são utilizadas. É preciso mostrar, com exemplos concretos, como o dinheiro está sendo usado para ajudar os necessitados, financiar projetos sociais e promover a fé. A falta de comunicação, ou a comunicação deficiente, pode gerar mal-entendidos e alimentar a desconfiança.

Por outro lado, a confiança, quando estabelecida, pode gerar um ciclo virtuoso. Quanto mais as pessoas confiam, mais se sentem seguras para contribuir. O aumento das contribuições permite que a igreja expanda seus projetos e sirva ainda mais à comunidade. A confiança, portanto, não é apenas um valor moral, mas também um catalisador de crescimento e impacto social. É um investimento a longo prazo, que traz benefícios para todos.

Agora, mergulhemos nos desafios éticos que podem surgir no contexto da prática de dízimos e ofertas, um campo minado por potenciais conflitos e complexidades. É crucial reconhecer que a jornada da fé, embora edificante em muitos aspectos, não é imune a obstáculos morais. A natureza humana, com suas fragilidades e inclinações, pode, por vezes, obscurecer o caminho da integridade.

Um dos primeiros atrativos perigosos é a tentação de desviar recursos. Imagine a cena: uma igreja, talvez com uma arrecadação considerável, e um indivíduo, em posição de liderança, que se vê diante de uma oportunidade – ou melhor, de uma desculpa – para usar o dinheiro para fins pessoais ou para investimentos questionáveis, alimentando um ego insaciável. As justificativas podem ser sutis, quase imperceptíveis a princípio, mas o resultado é sempre o mesmo: a quebra da confiança e a mancha na reputação da instituição religiosa.

Outro ponto delicado é a falta de critérios claros na distribuição de ajuda. Em algumas comunidades, a assistência aos necessitados pode ser distribuída de maneira arbitrária, favorecendo amigos, familiares ou aqueles que exercem algum tipo de poder. Isso gera injustiça, desigualdade e, inevitavelmente, ressentimento. É imperativo que as igrejas estabeleçam políticas transparentes, com critérios bem definidos e processos claros para garantir que a ajuda chegue a quem realmente precisa. A justiça social deve ser um pilar inegociável.

A pressão para que os fiéis contribuam mais do que podem é outro desafio. Em nome da manutenção da igreja, da expansão de projetos ou até mesmo por ambições pessoais, alguns líderes podem exercer uma pressão sutil – ou nem tão sutil assim – sobre os membros da comunidade, levando-os a comprometer suas finanças pessoais. A fé, vale lembrar, deve ser voluntária e baseada na generosidade do coração, não na coerção. A Bíblia nos lembra que Deus ama quem dá com alegria, não por obrigação.

Para ilustrar esses desafios, vamos a um estudo de caso. Uma igreja, com uma arrecadação significativa, viu-se envolvida em escândalos de desvio de recursos. O pastor, em vez de usar o dinheiro para os projetos da igreja e para a assistência social, gastou em bens luxuosos. A comunidade ficou devastada, a fé de muitos foi abalada e a igreja perdeu não apenas dinheiro, mas, o mais importante, a confiança dos fiéis. A igreja perdeu tudo o que construiu ao longo de anos.

Outro exemplo, um pouco menos dramático, é o de uma igreja que não estabeleceu critérios claros para a distribuição de ajuda. A assistência era concedida a quem o pastor e alguns líderes conheciam. Os membros menos favorecidos da comunidade se sentiram excluídos, gerando frustração e desconfiança. A ausência de transparência, nesses casos, minou a credibilidade da instituição e afastou muitos membros.

Esses são apenas dois exemplos, entre muitos. Eles servem para nos mostrar a necessidade urgente de uma reflexão ética sobre a prática de dízimos e ofertas. É preciso reconhecer os desafios, enfrentar as dificuldades e buscar soluções que fortaleçam a integridade, a transparência e a justiça em nossas igrejas. Afinal, a ética não é apenas um ideal, mas um caminho **essencial** para construir uma fé sólida e **inspiradora**, capaz de **superar** as tempestades e de levar esperança a todos que a procuram.

Nosso esforço para construir um sistema de doação que seja verdadeiramente zen e à prova de falhas exige a implementação de soluções práticas. O caminho para a transparência começa com a educação. É fundamental que líderes e membros da comunidade estejam constantemente atualizados sobre as melhores práticas éticas, participando de workshops, palestras e lendo materiais informativos. A formação contínua não apenas fortalece o conhecimento, mas também promove uma cultura de responsabilidade compartilhada. Considere como um curso sobre gestão financeira, com foco em princípios éticos, pode transformar a maneira como os recursos são administrados.

A criação de comitês de ética é um passo fundamental. Esses comitês, formados por pessoas de diferentes formações e com um compromisso inabalável com a integridade, devem ter a responsabilidade de revisar as políticas de doação, investigar possíveis irregularidades e oferecer aconselhamento em situações delicadas. Imagine a tranquilidade de saber que existe um grupo dedicado a garantir que tudo está sendo feito da maneira mais honesta possível.

Além disso, auditorias externas são essenciais. Contratar uma empresa independente para analisar as finanças da instituição de forma regular oferece uma camada adicional de segurança e credibilidade. Os relatórios dessas auditorias devem ser disponibilizados publicamente, demonstrando abertamente o compromisso com a transparência. Essa prática, embora possa parecer meticulosa, é, na verdade, libertadora, pois elimina dúvidas e promove a confiança.

Para finalizar, é crucial que a liderança da instituição reforce a importância da ética em cada ação. A ética não pode ser apenas um tópico em um manual; ela precisa fazer parte do DNA da organização. A mensagem de esperança, que deve ser transmitida com paixão e convicção, é que a integridade é o alicerce de um relacionamento sólido com os doadores, com a comunidade e, acima de tudo, com Deus. E, quando esse alicerce é forte, o sistema de doação se torna algo verdadeiramente inspirador, capaz de realizar milagres e transformar vidas. Acredite, vale a pena o esforço. É um compromisso definitivo com um futuro mais justo e mais generoso.

CAPÍTULO 10

TESTEMUNHOS DE TRANSFORMAÇÃO ATRAVÉS DA GENEROSIDADE

Você já sentiu o toque suave de um milagre, a certeza de que algo grande, algo bom, estava prestes a acontecer? Aquela sensação, inexplicável, de que o universo conspira a seu favor, abrindo portas e descortinando horizontes que antes pareciam impossíveis? É sobre essa magia, sobre essa força transformadora, que vamos conversar neste capítulo. E a chave para desbloquear essa magia, acredite, está mais próxima do que você imagina: na generosidade.

Acredito que a generosidade, o ato de doar-se ao próximo, é muito mais do que uma simples ação de caridade. É um portal, uma ponte que nos conecta a um universo de possibilidades. É o primeiro passo em uma jornada de mudanças profundas, que podem transformar não apenas a vida de quem recebe, mas também a de quem doa.

Este livro, como você sabe, é sobre fé, sobre acreditar em algo maior, sobre a força que reside dentro de cada um de nós. E, claro, sobre a doação, sobre a importância de compartilhar o que temos, seja material ou não. Mas este capítulo, em especial, não é apenas sobre teoria. Não se trata apenas de palavras bonitas e conceitos abstratos. É sobre a vida real, sobre pessoas reais, com suas lutas, suas alegrias, suas lágrimas e, acima de tudo, suas vitórias.

Vamos mergulhar em histórias inspiradoras que vão tocar o seu coração, despertar emoções, fazê-lo refletir sobre sua própria jornada. Conheceremos pessoas que, através da generosidade, encontraram força para superar obstáculos, alcançar sonhos e, acima de tudo, descobrir o verdadeiro significado da vida. E a promessa é esta: ao final deste capítulo, você terá uma nova perspectiva sobre a generosidade, um novo olhar sobre o mundo e, quem sabe, uma vontade irresistível de mudar a sua própria história. Prepare-se: a jornada será intensa, e o resultado, surpreendente.

Agora, vamos nos aprofundar nas histórias, desvendando os relatos de pessoas comuns que trilharam caminhos extraordinários através da generosidade. Permitam-me compartilhar algumas narrativas que aquecem o coração e reacendem a esperança.

Conheçam a história de Ana, uma mulher que, após perder o emprego, viu-se em meio a dificuldades financeiras. O desespero bateu à porta, mas, em vez de se entregar, Ana decidiu agir. Ela começou a doar o pouco que tinha, mesmo sem saber de onde viria o próximo sustento. Incrivelmente, a cada doação, portas se abriram. Uma vizinha ofereceu ajuda, um antigo colega de trabalho indicou-a para uma vaga, e, em pouco tempo, Ana não só se reergueu, como também passou a prosperar, sendo capaz de ajudar outras pessoas em situações semelhantes. O que aconteceu a seguir foi simplesmente inacreditável: Ana não só encontrou um novo emprego, mas também descobriu uma vocação, dedicando sua vida a auxiliar pessoas em vulnerabilidade.

E que tal a história de Marcos, um jovem com uma vida aparentemente estável, mas que sentia um vazio interior. Ele decidiu doar seu tempo, dedicando-se a um projeto social em uma comunidade carente. A princípio, Marcos foi movido por uma necessidade de preencher aquele vazio, mas rapidamente descobriu algo muito maior: a alegria genuína de servir. A cada sorriso de uma criança, a cada abraço de um idoso, Marcos sentia-se mais completo, mais conectado com o mundo e com sua própria essência. A transformação foi tão intensa que Marcos, antes um executivo frustrado, hoje lidera o projeto, encontrando na generosidade o verdadeiro sentido para sua vida.

Além disso, é impossível ignorar o poder transformador da generosidade em comunidades inteiras. Em uma pequena cidade do interior, uma igreja decidiu construir um refeitório para alimentar crianças carentes. A iniciativa, que começou com poucas pessoas, logo ganhou força e apoio da comunidade. Empresários doaram alimentos, voluntários ofereceram seu tempo e, em pouco tempo, centenas de crianças passaram a ter acesso a refeições nutritivas diariamente. Contudo, a transformação não se restringiu à alimentação. A iniciativa gerou um sentimento de união e de pertencimento, e a cidade, antes marcada pela desigualdade, viu seus índices de criminalidade diminuírem e o bem-estar social aumentarem significativamente.

Essas histórias, e tantas outras que poderíamos compartilhar, são um testemunho do poder da generosidade. Elas nos mostram que doar não é apenas um ato de caridade, mas também um ato de esperança, fé e amor. Elas nos demonstram que, ao ajudarmos o próximo, estamos, na verdade, ajudando a nós mesmos a trilhar um caminho de luz, superando desafios e descobrindo a verdadeira essência da vida. Cada história é um lembrete de que, mesmo nas situações mais sombrias, a generosidade pode ser a chama que reacende a esperança e ilumina o futuro. E são essas histórias, e muitas outras que nos aguardam, que nos mostram que a generosidade é um investimento em um futuro melhor para todos.

Aprofundando essa conexão intrínseca entre fé, doação e o florescimento espiritual, percebemos que a generosidade age como um solo fértil, onde as sementes da nossa crença encontram as condições ideais para germinar e prosperar. A fé, em sua essência, é uma postura de confiança, de entrega, de acreditar em algo maior do que nós mesmos. E a doação, quando praticada com o coração, torna-se uma poderosa expressão dessa fé, um testemunho tangível da nossa confiança na providência divina.

Ao compartilhar nossos recursos, nosso tempo e nosso amor, estamos, de certa forma, declarando que acreditamos na abundância do universo, que confiamos que nossas necessidades serão supridas e que temos o suficiente para dividir com os outros. É como se, a cada doação, disséssemos ao mundo: "Acredito que há mais do que o suficiente para todos". E essa atitude, por si só, já é transformadora. Ela nos liberta do medo da escassez, da preocupação excessiva com o ter e nos abre para a alegria de doar, de servir e de fazer a diferença na vida de alguém.

Lembro-me de uma vez, quando estava passando por um momento financeiro complicado. As contas se acumulavam, a insegurança batia à porta e a esperança parecia distante. Em meio a essa turbulência, recebi uma mensagem de uma amiga pedindo ajuda para uma família que estava em situação de rua. Senti um aperto no coração, porque, honestamente, eu mal tinha para mim. Mas, ao mesmo tempo, uma voz interior me dizia que eu precisava fazer algo. Decidi, então, abrir o pouco que tinha e doar uma pequena quantia. No começo, fiquei com receio, pensando que aquilo faria falta. Mas, para minha surpresa, a partir daquele dia, as coisas começaram a mudar. Novas oportunidades surgiram, as contas se equilibraram e a paz voltou a reinar em meu coração.

Acredito que, ao darmos o que temos, estamos, de certa forma, depositando nossa confiança na providência divina. Estamos dizendo a Deus que confiamos em Seu cuidado, em Sua bondade e que estamos dispostos a ser instrumentos de Sua graça no mundo. E, como um milagre, essa atitude de fé e generosidade nos aproxima ainda mais de Deus, fortalecendo nossa conexão espiritual e permitindo-nos experimentar uma paz que excede todo entendimento.

Além disso, a doação nos proporciona uma profunda sensação de conexão com a nossa comunidade, com as pessoas ao nosso redor. Ao praticarmos a generosidade, quebramos as barreiras do egoísmo e do individualismo, abrindo-nos para a compaixão e a empatia. Começamos a enxergar o outro com mais clareza, a sentir suas dores e alegrias como se fossem nossas, e a nos importar genuinamente com o seu bem-estar. É nesse momento que nos tornamos parte de algo maior, de um todo, e experimentamos a alegria de pertencer e de fazer a diferença.

Vejo isso acontecer tantas vezes, em tantas comunidades, em tantas igrejas, onde a doação é um pilar fundamental. Pessoas se unem, compartilham seus recursos, seus talentos, suas experiências e, juntas, constroem um ambiente de amor, de apoio e de esperança. E, em meio a essa atmosfera, a fé floresce, os corações se aquecem e a transformação acontece.

Em resumo, a doação e a fé formam uma dupla poderosa, um ciclo virtuoso que nos impulsiona para um crescimento espiritual constante. Ao praticarmos a generosidade, fortalecemos nossa fé, conectamo-nos com Deus e com o próximo, e abrimos as portas para as bênçãos infinitas que o universo tem a nos oferecer. É um caminho que nos leva à plenitude, à paz interior e à realização do nosso propósito de vida. Por isso, é um caminho que vale a pena ser trilhado, com cada passo, com cada doação, com cada ato de amor.

Agora, permitam-me que lhes lance um desafio. Após mergulharmos em histórias tão tocantes e reflexões profundas, a pergunta que paira no ar é: "E agora? O que fazer com tudo isso?". A resposta, meus amigos, reside no poder que cada um de nós possui – o poder da ação, da doação e da generosidade que reside em nossos corações.

Retomemos, por um instante, as palavras daquela senhora, cujo ato de fé e solidariedade transformou não só sua vida, mas a de toda uma comunidade. Lembram-se daquele sorriso, daquele brilho nos olhos? Essa chama, essa esperança, é algo que podemos cultivar em nós mesmos.

Acredito que, neste exato momento, muitos de vocês estão se perguntando: "Como posso, com minhas limitações, fazer a diferença?". A boa notícia é que não existem limites para a generosidade. Um gesto simples, um sorriso sincero, uma palavra de conforto, tudo isso é uma forma de doar. Um abraço apertado, um ombro amigo, um pouco do nosso tempo, do nosso talento, do nosso conhecimento, podem ser exatamente o que alguém precisa para superar suas dificuldades.

Pensem em suas vidas. O que vocês podem doar hoje? Um pouco de tempo para ouvir alguém? Um pouco de dinheiro para uma causa que lhes toca o coração? Um pouco de amor para um familiar? Ou, quem sabe, a sua própria fé, o seu otimismo, a sua crença em dias melhores?

Este é o momento de internalizar a mensagem: a transformação começa em você. É um convite para olharmos para dentro de nós mesmos e reconhecermos o poder que temos de mudar o mundo. Não é preciso ser rico, famoso ou ter uma vida perfeita para praticar a generosidade. Basta ter um coração aberto e disposição para fazer o bem.

Cada ato de doação, por menor que seja, é uma semente que plantamos. Essa semente pode germinar, florescer e dar frutos que abençoarão outras vidas. Cada sorriso, cada abraço, cada palavra de incentivo pode ser o milagre que alguém está esperando.

Sei que a vida nem sempre é fácil. Sei que, por vezes, nos sentimos desanimados, frustrados e com a sensação de que não podemos mudar nada. Mas, acreditem, cada um de nós tem algo a oferecer. Cada um de nós pode fazer a diferença na vida de alguém. Cada um de nós pode ser um agente de transformação.

Deixo-lhes, então, esta reflexão: qual será o seu próximo ato de generosidade? Qual o milagre pessoal que você oferecerá ao mundo hoje? Que a resposta venha do coração. E que ela seja o início de uma jornada intensa e recompensadora. Que a alegria da doação ilumine o seu caminho, e que a fé seja sempre a sua maior motivação. Que a esperança seja a sua bússola, e que o amor seja a sua bandeira. E assim, meus amigos, que a generosidade se multiplique, e que o mundo se torne um lugar melhor para todos nós.

Capítulo 11

A CIDADE DO DÍZIMO: PROPOSTAS PARA O FUTURO

E aí, chegamos a um ponto crucial da nossa jornada. Agora, vamos sonhar com o futuro, imaginando como a generosidade pode florescer ainda mais nas igrejas. Sabe, a ideia aqui é sacudir um pouco as estruturas, sair da mesmice. A gente vai explorar como as comunidades cristãs podem inovar na forma como praticam os dízimos e as ofertas. Não se trata de mudar a essência; a fé continua sendo a base, mas sim de adaptar essas práticas aos tempos modernos, a essas realidades que mudam tão rapidamente.

Pensei muito nisso e percebo que a tecnologia desempenha um papel extremamente importante. Vamos discutir como as ferramentas e plataformas digitais podem facilitar as doações e, principalmente, aumentar a transparência. Imagine só, ter tudo às claras, com informações acessíveis a todos! Isso, com certeza, gerará mais confiança e engajamento.

E não podemos esquecer do público mais jovem, que vive conectado, não é? Como podemos usar a tecnologia para envolvê-los? Acredito que a chave seja criar um ambiente acolhedor, onde a generosidade seja vista como algo natural e inspirador. Talvez um aplicativo simples, com lembretes e informações sobre os projetos da igreja, ou uma plataforma online para doações recorrentes... As possibilidades são infinitas!

Vamos também dar uma olhada em exemplos de igrejas que já estão nessa *vibe*. Quais são as práticas que estão dando certo? Como elas estão impactando a vida dos fiéis e da comunidade? Saber o que funciona na prática é muito importante. A ideia é pegar essas ideias, adaptá-las e criar algo que seja acessível, personalizado e, acima de tudo, relevante para as novas gerações.

Podemos pensar, por exemplo, em criar metas de arrecadação claras e transparentes, mostrar para onde o dinheiro está indo, como está sendo utilizado para ajudar as pessoas e transformar vidas. Isso faz toda a diferença. As pessoas precisam ver o impacto real da generosidade delas, sabe? E, claro, incentivar a participação, criar desafios e metas que motivem as pessoas a contribuir.

Ah, e outra coisa que considero essencial: simplificar o processo de doação. Isso facilita tudo, de verdade. Imagine ter várias opções, desde a oferta tradicional no culto até doações online, via PIX ou cartão de crédito. Quanto mais fácil for, maior será a chance de as pessoas contribuírem. E que tal criar programas de fidelidade, com recompensas e benefícios para os doadores? Essa é uma forma de agradecer e mostrar que a igreja valoriza a generosidade de cada um.

Enfim, o futuro da generosidade nas igrejas é promissor. E, se pararmos para pensar, o mais importante é manter a chama da fé acesa e continuar espalhando o amor e a esperança. É isso que realmente importa.

Acredito que a beleza do mundo reside justamente na diversidade, e isso se reflete plenamente nas comunidades cristãs. Em vez de adotarmos um modelo único e engessado, precisamos mergulhar fundo em como as práticas de doação podem se moldar às necessidades específicas de cada igreja e de cada grupo de pessoas. Nem todos se encontram na mesma situação financeira, nem possuem as mesmas necessidades ou prioridades. É essencial reconhecer e valorizar essa rica variedade.

Vamos, então, nos debruçar sobre como as igrejas podem criar diferentes maneiras de ofertar, considerando as realidades locais e as necessidades específicas de cada indivíduo. Imagine, por exemplo, uma igreja em uma região rural, onde a maioria dos membros depende da agricultura. Talvez um sistema de doações que inclua produtos da terra, além de dinheiro, seja uma opção. Ou, em uma comunidade urbana, onde a tecnologia está presente em quase todas as casas, a implementação de plataformas de doação online e aplicativos móveis pode facilitar o processo e atingir um público mais amplo.

Não importa se a sua comunidade é grande ou pequena, se está localizada no campo ou na cidade: o que realmente importa é a atitude de coração. A doação deve ser um reflexo do amor e da generosidade que emanam de cada um. Devemos ir além do ato de entregar recursos financeiros e abraçar a ideia de doar tempo, talentos e habilidades. Cada pessoa possui algo valioso para oferecer, e a igreja pode ser um espaço onde esses dons são reconhecidos e utilizados para o bem comum.

A ideia principal é que a doação se transforme em algo que faça sentido para todos, independentemente de sua condição financeira ou social. Isso implica refletir sobre como a igreja pode desempenhar um papel ativo na diminuição das desigualdades sociais, utilizando os recursos recebidos para transformar vidas. Podemos, por exemplo, criar programas de apoio a famílias carentes, oferecer bolsas de estudo para jovens estudantes, financiar projetos de desenvolvimento comunitário ou apoiar instituições de caridade que atuam em áreas de vulnerabilidade.

Acredito firmemente que a doação, em sua essência, é um ato de amor e de fé. Ao praticarmos a generosidade, abrimos nossos corações para a compaixão e nos tornamos instrumentos de Deus neste mundo. É um lembrete constante de que não estamos sozinhos e de que podemos fazer a diferença na vida de outras pessoas.

Os jovens, com toda a sua energia e visão de mundo, representam o futuro da igreja. É crucial entender como podemos engajá-los de maneira significativa na prática da generosidade, que se estende muito além do ato de doar dinheiro. Eles são nativos digitais, acostumados a interagir com o mundo de formas inovadoras e dinâmicas. A igreja precisa se adaptar a essa realidade, utilizando as ferramentas e plataformas que eles já dominam e apreciam.

Pense nas redes sociais, por exemplo. Elas são canais poderosos para compartilhar histórias de impacto, mostrar transparência no uso dos recursos e criar comunidades de apoio. Imagine campanhas criativas no Instagram ou no TikTok, onde jovens podem compartilhar suas experiências de doação, inspirando outros a fazerem o mesmo. A tecnologia oferece infinitas possibilidades para tornar a generosidade algo divertido, envolvente e relevante.

Mas não se trata apenas de usar as mídias sociais. É fundamental ouvir os jovens, entender suas necessidades e expectativas. O que os motiva? O que os faz sentir-se parte de algo maior? Quais causas eles defendem? A igreja deve criar espaços de diálogo, onde eles possam expressar suas ideias, participar da criação de projetos e sentir que suas vozes são ouvidas. Isso pode envolver a formação de grupos de jovens que liderem iniciativas de arrecadação de fundos, a criação de plataformas de doação personalizadas ou até mesmo a organização de eventos beneficentes.

A chave é mostrar que a generosidade é algo moderno, relevante e transformador. É sobre fazer a diferença no mundo, sobre construir um futuro melhor para todos. É sobre se conectar com os outros, compartilhar amor e esperança. Ao envolver os jovens, a igreja não apenas garante a continuidade da generosidade, mas também se torna mais vibrante, relevante e conectada com a sociedade. Eles trazem novas perspectivas, novas ideias e uma energia contagiante que pode impulsionar a missão da igreja por muitos anos. Ao mostrar que a doação é uma ferramenta poderosa de transformação social, a igreja pode inspirar os jovens a se tornarem agentes de mudança e a construir um mundo mais justo e compassivo. É um desafio, sem dúvida, mas também uma oportunidade incrível de crescimento e renovação. E, falando sério, quem não quer fazer parte disso? É algo que me deixa verdadeiramente esperançoso.

Chegamos ao cerne da questão: como as mudanças nas práticas de doação moldarão a missão da igreja nos anos vindouros? Acredito que a resposta reside na capacidade de transcendermos as barreiras financeiras e de enxergarmos a generosidade como um testemunho vibrante do amor divino, uma força motriz para a evangelização e a transformação social.

A igreja, em sua essência, sempre foi um farol de esperança, um refúgio em meio às tempestades da vida. No futuro, essa chama precisa brilhar ainda mais forte, iluminando os caminhos em um mundo cada vez mais complexo e desafiador. As práticas de doação, portanto, devem evoluir para refletir os valores de justiça, igualdade e compaixão, que são pilares do evangelho.

Pensemos comigo: como podemos integrar as doações a projetos sociais que combatam a pobreza, a desigualdade e a exclusão? Como podemos apoiar iniciativas que promovam a educação, a saúde e o desenvolvimento sustentável? Como podemos usar os recursos recebidos para construir pontes entre as pessoas, quebrando barreiras e promovendo a paz?

Acredito que a resposta está na criatividade, na ousadia e, acima de tudo, no amor. Precisamos repensar a forma como a igreja se relaciona com a sociedade, tornando-a um agente de transformação. Isso significa ir além do assistencialismo, buscando soluções de longo prazo para os problemas sociais. Significa envolver os membros da igreja em projetos que façam a diferença, incentivando-os a usar seus talentos e recursos para o bem comum.

Mas como fazer isso acontecer? Penso que uma das chaves é a transparência. É fundamental que as igrejas sejam claras sobre como os recursos são utilizados, prestando contas de forma regular e transparente. Isso gera confiança e incentiva a doação. Além disso, é importante que a igreja se conecte com outras organizações sociais, estabelecendo parcerias e colaborando em projetos que tenham um impacto positivo na comunidade.

Outro ponto crucial é a educação. A igreja precisa investir na formação de seus membros, ensinando-os sobre a importância da doação e as diferentes formas de contribuir. Precisamos mostrar que a generosidade não é apenas uma obrigação, mas uma oportunidade de expressar o amor a Deus e ao próximo.

Por fim, devemos lembrar que a missão da igreja não se limita a quatro paredes. Devemos sair de nossos templos e ir ao encontro das pessoas, levando a mensagem do evangelho a todos os cantos do mundo. E, nesse sentido, a doação pode ser uma ferramenta poderosa, permitindo que a igreja apoie missionários, construa igrejas em locais remotos e leve ajuda humanitária às regiões em crise.

Acredito, profundamente, que a igreja tem um papel fundamental a desempenhar na construção de um mundo melhor. E a generosidade é o combustível que impulsiona essa missão. Que possamos, juntos, criar um futuro em que a doação seja vista como um ato de amor, um testemunho de fé e uma força transformadora para a sociedade. Que, ao olharmos para frente, possamos dizer: fizemos a diferença.

Capítulo 12

CHAMADO À AÇÃO: PRATICANDO A GENEROSIDADE

Bem-vindos ao nosso capítulo final, ou quase! Antes de nos aprofundarmos, que tal darmos aquela respirada e relembrarmos o que nos trouxe até aqui? É como se estivéssemos em um encontro de amigos, sabe? Onde revisamos as memórias, os momentos mais marcantes da nossa jornada.

Começamos, lá no início, com a reflexão sobre a importância dos dízimos e ofertas. Mergulhamos nas raízes bíblicas, no Antigo Testamento, e como tudo isso se encaixa e se transforma no Novo Testamento. É incrível como uma ideia tão antiga ainda ressoa em nossos corações, não é mesmo?

E então, navegamos pelas águas da generosidade, desvendando a beleza por trás desse ato. Descobrimos que, para Deus, o que importa é a intenção do nosso coração. É como aquele amigo que te recebe com um abraço apertado, independentemente do que você possa estar passando. A generosidade, meus queridos, é um reflexo do amor de Deus em nossas vidas. E como podemos espelhar essa graça em nossas vidas?

Lembro-me daquela história que compartilhei sobre a vez em que, sem esperar, recebi uma ajuda inesperada, um verdadeiro milagre! Foi um momento tão **intenso** que me fez sentir a presença de Deus de uma forma que eu jamais imaginaria. Mas não vou dar mais spoilers agora, afinal, você já sabe onde chegamos!

Acreditamos que a generosidade é mais do que um simples ato; é um estilo de vida. É uma escolha que fazemos diariamente, que transforma nossas vidas e a de quem nos cerca. Ela não se resume apenas a dar dinheiro; trata-se de amar, cuidar e servir. É reconhecer as necessidades do próximo e estender a mão, sem esperar nada em troca.

A intenção é essencial. É o combustível que impulsiona nossos atos. É a razão pela qual fazemos o que fazemos. E a alegria de dar? Ah, essa é algo **surpreendente**! Ela transforma não apenas quem recebe, mas, principalmente, quem doa. É como se, ao darmos, recebêssemos em dobro. Uma troca de energias, uma dança de corações.

A generosidade tem um impacto massivo. Ela não afeta apenas o indivíduo; ela transforma a comunidade e a sociedade. Ela cria um ciclo virtuoso, no qual o amor e a esperança se multiplicam.

Vimos ao longo do livro exemplos práticos de pessoas que vivenciaram a mão de Deus em suas vidas por meio da generosidade. Testemunhos de pessoas que sentiram a presença divina, pessoas que superaram desafios e mudaram o curso de suas vidas. São histórias que nos inspiram e nos mostram que, mesmo em meio às dificuldades, a esperança sempre floresce.

O objetivo? Reunir tudo o que foi dito até agora. A hora de agir é agora. É hora de colocar em prática tudo o que aprendemos. É hora de fazer a diferença no mundo. É hora de ser generoso.

Depois de revisitar as bases, com aquelas memórias que aquecem o coração, é hora de olhar para o futuro, para o agora. É hora de você, leitor, entrar em cena. Sabe, às vezes, a gente fica esperando o momento perfeito, a situação ideal, para começar a mudar. Mas a verdade é que esse momento é agora, bem aqui, dentro de você.

Convido você a fazer uma reflexão: como a generosidade pode se manifestar na sua vida? Não estou falando apenas de grandes somas ou de ações mirabolantes. Comece pequeno. Talvez um gesto de gentileza no trabalho, uma palavra de apoio a um amigo ou um tempo dedicado a quem precisa de ajuda. A beleza da generosidade reside nos detalhes, na atenção que dedicamos ao outro.

Pense em como você pode adaptar essa prática à sua rotina. Nem todo mundo tem condições de fazer grandes doações financeiras, eu sei. Mas todos nós podemos oferecer algo: nosso tempo, nossa escuta, nosso abraço. Uma ligação para um familiar distante, uma visita a um vizinho idoso, uma prece por alguém que enfrenta dificuldades. Pequenos atos, mas que reverberam no universo, criando ondas de amor e esperança.

E não se esqueça de você. Dar também é receber. Ao praticar a generosidade, você se torna uma pessoa melhor. Sente aquela sensação de bem-estar, a certeza de que está fazendo o bem. É uma experiência **surpreendente**, quase mágica, ver a alegria nos olhos de quem recebe sua ajuda. E essa alegria, acredite, volta para você em dobro.

Como fazer isso acontecer na prática? Comece definindo metas. O que você pode doar? Quanto tempo pode dedicar? Quais são as causas que tocam seu coração? Uma vez que você tenha essas respostas, trace um plano. Comece pequeno, não se sobrecarregue. O importante é começar. E não tenha medo de mudar o seu plano, se for necessário. A vida é feita de ajustes.

Lembre-se: a generosidade é um caminho, não um destino. Haverá dias em que você se sentirá mais motivado, outros nem tanto. Mas não desista. Mantenha o foco nos seus objetivos e celebre cada pequena conquista. A cada ato de bondade, você estará plantando sementes de esperança em um mundo que tanto precisa. E, ao fazê-lo, estará construindo uma versão melhor de si mesmo.

Aqui, o foco se volta para o impacto da generosidade, tanto na vida pessoal quanto na missão da igreja. Imagine só a transformação que cada um de nós pode provocar! Uma mudança que vai muito além das doações financeiras, atingindo esferas mais profundas da nossa existência.

O objetivo será mostrar como a generosidade promove o crescimento espiritual, fortalece a fé e constrói uma relação mais íntima com Deus. Não é apenas sobre ofertar recursos materiais; é sobre cultivar um coração que transborda compaixão e amor, moldando-se à imagem daquele que nos amou primeiro. Ao praticarmos a generosidade, abrimos as portas para uma experiência mais profunda com o divino, permitindo que a graça divina flua livremente em nossas vidas. É como se estivéssemos construindo um santuário em nossos corações, um lugar sagrado onde o amor e a bondade são as pedras fundamentais.

Mas a generosidade não se limita ao âmbito espiritual. Ela também nos torna pessoas mais empáticas, capazes de sentir a dor do outro, de nos colocarmos em seu lugar. Tornamo-nos mais compassivos, dispostos a estender a mão, a oferecer apoio e a compartilhar o que temos. A generosidade nos conecta a uma rede de amor e solidariedade, onde cada indivíduo se torna um elo, um agente de transformação. É uma corrente que se propaga, alcançando aqueles que mais precisam, espalhando esperança e alívio em meio à adversidade.

Imagine, por um instante, o impacto de um sorriso gentil, de uma palavra de encorajamento, de um gesto de ajuda. Pequenas ações, mas com um poder imensurável. A generosidade nos permite enxergar além das aparências, valorizando a dignidade de cada ser humano. Ela nos ensina a amar sem esperar nada em troca, a doar sem medir esforços, a servir com alegria e humildade.

E, de quebra, transformamos a nós mesmos. Ao doarmos de nós mesmos, experimentamos uma profunda sensação de realização e propósito. A generosidade nos liberta do egoísmo, da mesquinhez e nos aproxima da felicidade genuína. Descobrimos que, ao ajudar o próximo, estamos, na verdade, ajudando a nós mesmos.

Vamos além da esfera individual. Reconheça-se como um agente de transformação, capaz de impactar a vida de outras pessoas e, de quebra, transformar a si mesmo. A generosidade não é apenas um ato individual, mas também uma força que impulsiona a missão da igreja, permitindo que ela alcance aqueles que mais precisam. Imagine a igreja como um corpo, e cada membro como um órgão vital. A generosidade é o sangue que nutre e fortalece esse corpo, permitindo que ele cumpra sua missão de levar a palavra de Deus e estender a mão aos necessitados.

Enfatizo a importância de viver a generosidade em todas as áreas da vida, desde o cuidado com os familiares e amigos até o engajamento em projetos sociais. Comece em casa. O carinho, a paciência e o perdão são formas de generosidade que transformam relacionamentos e constroem lares mais felizes. Estenda essa prática para o trabalho, oferecendo seu tempo e talento para ajudar seus colegas. Seja um voluntário em uma instituição de caridade, doando seu tempo e recursos para uma causa que você acredita. É hora de expandir os horizontes, de sonhar alto e de fazer a diferença no mundo. Porque, no fim das contas, é isso que realmente importa.

Rumo ao amanhecer, um horizonte de possibilidades se descortina. A generosidade, como um rio que segue seu curso, nunca para de fluir. Ela é um caminho contínuo, um aprendizado constante. Cada gesto, cada ato de amor, nos aproxima do propósito maior, da essência divina que reside em nós. Não se trata de um destino a ser alcançado, mas de uma jornada que se renova a cada dia.

A beleza da vida reside nas pequenas coisas, nos momentos de partilha, nos sorrisos trocados. A generosidade é o combustível que impulsiona essa engrenagem, que nutre a alma e aquece o coração. Ela se manifesta de inúmeras formas, desde um simples aperto de mão até o apoio incondicional em momentos de dificuldade. Ela é o abraço que conforta, a palavra que encoraja, o gesto que transforma.

A fé, quando genuína, irradia generosidade. Ela nos ensina a ver o outro, a reconhecer suas necessidades, a estender a mão sem esperar nada em troca. É um chamado para transcender o egoísmo, para abrir o coração e compartilhar o que temos de mais valioso: amor, tempo e recursos. E acredite, o universo conspira a favor de quem pratica o bem.

O futuro da igreja, da nossa comunidade, está intrinsecamente ligado à generosidade de seus membros. É ela que permite que a missão continue, que o evangelho alcance novos corações e que as mãos se estendam para acolher os necessitados. Uma igreja generosa é uma igreja viva, pulsante, que reflete o amor de Cristo em cada ação. Ela se torna um farol, uma fonte de esperança para todos.

A vida é feita de escolhas. A generosidade é uma das mais importantes que podemos exercer. Escolher ser generoso é optar por viver com propósito, alegria e gratidão. É abraçar a oportunidade de impactar o mundo, semear esperança e colher os frutos do amor.

Continuemos, então, a trilhar esse caminho. Que a prática da generosidade seja constante, presente em cada aspecto de nossa vida. Que cada gesto seja um reflexo da luz que reside em nós. Que possamos inspirar outros a fazer o mesmo, a plantar sementes de amor e esperança em cada canto.

Que essa experiência seja tão intensa quanto o nascer do sol, que ilumina nossos dias e aquece nossa alma. Que, a cada amanhecer, possamos renovar o compromisso de viver a generosidade, de transformar o mundo com cada um de nossos gestos. Juntos, podemos fazer a diferença. E até a próxima, quem sabe? A vida é uma caixinha de surpresas, não é mesmo? E que venham mais capítulos dessa jornada, repletos de significado e afeto.

MEUS QUERIDOS LEITORES,

Chegamos ao fim desta jornada, uma viagem pelo universo dos dízimos e ofertas no Novo Testamento, mas, acima de tudo, uma jornada ao coração da generosidade. Ao longo desses capítulos, mergulhamos em passagens bíblicas, desvendamos princípios teológicos e exploramos exemplos práticos que nos mostram como a doação pode transformar vidas e comunidades.

Espero que este livro tenha tocado você de maneira profunda, acendendo em seu coração a chama da generosidade. Não se trata apenas de cumprir uma obrigação religiosa, mas de viver uma fé ativa, de expressar gratidão e amor por meio de nossos atos.

Lembrem-se das palavras de Jesus: "Dai, e dar-se-vos-á; boa medida, recalcada, sacudida, transbordante, generosamente vos darão". Essa promessa não é um conto de fadas, mas a verdade da natureza divina, um convite à semeadura e à generosidade que gera colheitas abundantes.

Recordamos a importância da intenção. O ato de dar, por si só, não é suficiente. É o coração que importa, a motivação que nos impulsiona. A doação feita com alegria e amor transforma não só quem recebe, mas principalmente quem doa. A alegria no dar reflete a própria natureza de Deus, que é amor e generosidade em essência.

A generosidade, meus amigos, é um estilo de vida. É enxergar as necessidades dos outros e estender a mão, seja com recursos financeiros, com tempo, com talentos ou com uma simples palavra de apoio. É sobre construir pontes em vez de muros, sobre espalhar esperança em vez de desesperança. É sobre reconhecer nossa conexão com o próximo e com o Criador.

Não se esqueçam dos exemplos históricos, das comunidades cristãs que, ao longo dos séculos, praticaram a doação como um ato de fé e amor. Da Igreja primitiva, que compartilhava tudo o que tinha, aos projetos de assistência social que vemos hoje, a generosidade sempre foi um farol de esperança em meio às dificuldades.

Em tempos de crise, a generosidade torna-se ainda mais essencial. É o momento de fortalecer os laços, de apoiar uns aos outros, de demonstrar que a fé nos une e nos fortalece. A crise não pode nos paralisar; ela deve nos impulsionar a agir, a sermos mais criativos e mais solidários.

A ética é o alicerce da generosidade. A transparência, a honestidade e a integridade são fundamentais para construir e manter a confiança. A doação deve ser feita com responsabilidade, consciência e a certeza de que estamos usando os recursos para o bem.

As histórias de transformação que compartilhamos neste livro demonstram o poder da generosidade. Vimos vidas sendo restauradas, comunidades sendo reconstruídas e a fé sendo fortalecida. Cada ato de doação, por menor que seja, pode fazer a diferença. Pode mudar o curso de uma vida, inspirar outras pessoas e transformar o mundo.

Agora, chegou a hora de agir. Não basta apenas ler e refletir; é preciso praticar a generosidade em sua vida diária. Comece hoje, com um pequeno gesto, uma doação, um sorriso ou uma palavra de apoio. Permita que a generosidade se torne parte de quem você é.

Este livro é apenas o começo. A jornada da generosidade continua. Que cada um de vocês seja um instrumento de Deus, levando esperança, amor e compaixão a todos os cantos do mundo.

Com carinho e gratidão,

Rev. Márcio André de Souza Lima